유림 독립운동의 상징

심산 김창숙

김 기 승金基承

고려대학교 사학과를 졸업하고 같은 대학 사학과에서 문학박사를 받았다. 순천향
대학교 인문과학대학장, 아산학연구소장, 스마터아카데미원장, 독립기념관 한국독
립운동사연구소 소장을 역임하였다. 현재 순천향대학교 향설나눔대학 교수이며 인
문학진흥원 원장을 맡고 있다.

주요 저서로는 《한국근현대 사회사상사 연구-배성룡의 진보적 민족주의론》
(1994), 《21세기에도 우리문화가 살아남을 수 있을까》(공저, 2003), 《조소앙이 꿈꾼
세계-육성교에서 삼균주의까지》(2003), 《대한민국의 기원, 대한민국임시정부》(공
저, 2009), 《제국의 황혼》(공저, 2011), 〈심산 김창숙의 사상적 변화와 민족운동〉
(2012), 《고불 맹사성의 생애와 사상》(2014), 《아산의 독립운동사》(공저, 2014),
《대한민국임시정부의 이론가 조소앙》(2015) 등이 있다.

유림 독립운동의 상징 **심산 김창숙**

초판 1쇄 인쇄   2017. 12. 8.
초판 1쇄 발행   2017. 12. 15.

지은이 김 기 승
펴낸이 김 경 희
펴낸곳 ㈜지식산업사
         본사 10881, 경기도 파주시 광인사길 55(문발동)
              전화 (031) 955-4226~7   팩스 (031) 955-4228
         서울사무소 03044, 서울시 종로구 자하문로6길 18-7(통의동)
              전화 (02)734-1978, 1958 팩스 (02)720-7900
한글문패 지식산업사
영문문패 www.jisik.co.kr
전자우편 jsp@jisik.co.kr
등록번호 1-363
등록날짜 1969. 5. 8.

책값은 뒤표지에 있습니다.

ISBN 978-89-423-9039-7(04990)
ISBN 978-89-423-0056-3(세트)

이 책을 읽고 저자에게 문의하고자 하는 이는
지식산업사 전자우편으로 연락 바랍니다.

경상북도독립운동기념관 인물총서 14

지식산업사

유림 독립운동의 상징

심산 김창숙

김기승

머리말

"한국은 유교 국가이다."

"유교가 죽으면 나라가 죽고, 유교가 살면 나라가 산다."

심산心山 김창숙金昌淑은 이러한 믿음을 갖고 한국 근현
대사의 비극적 운명에 정면으로 맞서면서 유교와 유림의
가치를 입증하고자 헌신하였다. 그에게 유교나 유학은 탐
구와 연구의 대상이 아니라 삶 그 자체였으며, 유림 또한
자신과 상대되는 객관적 존재가 아니라 자신과 동일시하
였다. 그는 "알인욕존천리遏人慾存天理", 즉 '인간의 이기
적 욕심을 버리고 하늘의 이치를 보존하라'는 단순 명쾌한
진리가 "치국평천하治國平天下", 즉 '나라를 다스리고 천하

를 평화롭게 만드는 일'의 요체라고 믿었다. 그는 이러한 유교적 대의를 실천하는 것이 자신에게 주어진 사명이라고 생각했다. 그래서 그는 유교적 인의仁義의 실천이라는 도덕적 명제를 국가사회에도 적용함으로써 한국이 당면한 자주독립과 평화통일을 달성하는 유교식 해법을 제시하였다. 이 점에서 그는 유교를 독립운동의 사상적 원천으로 삼았던 유림 독립운동의 상징이라 할 만한다.

한국 근대사상사와 민족운동을 이해하는 데 유교에 대한 이해는 필수적이다. 조선시대 500년 동안 유교는 한국인의 삶 전체에 관여하는 사상과 문화로 자리 잡았다. 그러기에 한국인들이 서양의 근대와 조우하여 근대에 대해 사유하고 국가와 민족의 문제를 해결하는 데 유교는 기본적 바탕으로 작용할 수밖에 없었다. 이러한 관점에서 보면 한국근대 사상사의 전개과정은 한편으로는 유교에 대한 비판과 극복과정이며, 또 한편으로는 유교의 변혁과 발전과정이기도 하다. 전자는 서양 근대사상의 관점에서 민족문제를 해결한 개화지식인들의 경우이다. 후자는 유교적 관점에서 민족문제를 해결한 유교 지식인들의 경우이다.

심산 김창숙은 유교를 신봉하는 유림의 일원으로서 민족문제를 해결하고자 했다는 점에서 전형적인 유교 지식인이었다. 박은식朴殷植, 신채호申采浩, 장지연張志淵, 이상룡李相龍 등과 같은 유교 지식인의 경우에는 청말 변법 사상가들의 번안을 거치기는 하였지만, 서양의 근대적 지식의 수용을 통해 유교의 변혁과 혁신을 꾀했다. 박은식과 장지연은 주자학 대신에 양명학을 통해 군주 중심의 유교에서 인민 중심의 유교로의 혁신을 주장했다. 그러나 그들은 국망 이후에는 유교를 자신들의 구국운동의 전면에 내세우지는 않았다. 신채호는 성균관 박사 출신의 유교 지식인이지만, 구한말 구국계몽운동 시기부터 유교를 비판했으며, 국망 이후에는 무정부주의와 같은 서양 근대 사상을 자신의 신념체계로 받아들였다.

김창숙도 이들 혁신적 유교 지식인들과 마찬가지로 서양 근대사상의 수용과 유교의 혁신을 주장했다. 그러나 그들과는 달리 김창숙은 유교를 일관되게 자신의 신념체계로 받아들였다. 자신의 사상과 행동을 유교 이외의 다른 사상과 이론으로 설명하려고 하지 않았다. 더 나아가 그의 독립운동은 유림의 일원으로 혹은 유림의 대표로서 이루어진 것이었다. 말하자면 그는 독립운동시기 나아가 해방 이후까지도 유림의 일원으로서 통일 독립운동을 전개한 대표적인 유교 지식인이었다.

그는 한국 근현대사의 역동적인 변화 속에서 일관성 있게 유교적 가치를 고수하면서 민족과 세계가 추구하는 이상적 목표를 달성하고자 했다. 그는 이론가나 학자가 아니라 실천가였다. 그러기에 그는 자신의 행동과 실천을 설명하는 이론과 지식 체계를 만들려고 하지 않았다. 따라서 그는 독립운동시기 자신이 직접 쓴 기록물을 거의 남기지 않았다. 이론과 사상이 분열적 요인으로 작용하는 상황에서 그는 항상 자신의 생명을 던지는 최일선의 투쟁 현장으로 달려갔다. 기록과 흔적은 적에게 자신을 노출시키고 분석 당하는 빌미가 된다. 그는 다변가이며 달변가였다. 원칙이 정해져 있고 소신이 분명하고 자기희생의 각오가 있기에 그의 말에는 힘이 있고, 행동에는 과단성이 있다.

심산 김창숙의 삶은 유교로 무장한 열혈투사의 모습을 보여준다. 그는 제국주의의 침략으로 말미암은 식민 지배와 민족분단이라는 비극에 맞서서 온몸으로 싸웠다. 그의 투쟁 기록은 해방 이후 회상기 혹은 자서전 형태로 정리되었다. 이 글에서 사용한 일차적 자료는 바로 심산 자신이 해방 후에 기록한 자서전이다. 그의 삶이 함축하고 있는 역사성 때문에 그에 대한 많은 연구들이 축적되었다.

이러한 연구들은 그의 독립운동을 객관적이고 종합적으로 볼 수 있도록 해 준다. 이 책은 심산의 회상기를 비롯하여 이 책 말미에 수록한 참고문헌에 나타난 성과들을 정리한 것이다. 심산 김창숙의 삶의 궤적을 따라가면서 그가 한국 근현대사의 비극적 상황을 극복하기 위해 어떻게 투쟁했는지를 시간 순서대로 살펴봄으로써 유림 독립운동의 면면을 구체적으로 이해할 수 있기를 바란다.

이 책이 나오기까지 많은 분들의 도움을 받았다. 《심산 김창숙 문존》과 《심산 김창숙의 사상과 행동》을 간행하여 심산 연구의 길잡이가 되었던 심산사상연구회에서는 5년 전 심산의 독립운동과 사상을 접할 수 있는 기회를 주었다. 그리고 경상북도독립운동기념관 김희곤 관장은 이번의 심산 평전을 쓸 수 있는 기회를 만들어 심산의 세계를 제대로 배우는 즐거움을 갖도록 해 주었다. 지식산업사에서는 투박한 원고를 꼼꼼히 읽고 다듬어서 멋진 책으로 만들어 주었다. 《유림 독립운동의 상징, 심산 김창숙》이 간행되기까지 도움을 주신 모든 분들에게 감사의 마음을 올린다.

2017년 12월

김 기 승

차례

제1장

출생과 성장

동강 김우옹의 13대 종손으로 출생

김창숙은 1879년 7월 10일(음력) 경북 성주군 대가면 칠

김창숙

봉동 사월리에서 아버지 김호림金護林의 아들로 태어났다. 어머니는 인동仁同 장張씨 우응禹應의 딸이다. 형제 자매는 5명으로 1남 4녀의 맏아들로, 누나가 1명이고 누이동생이 3명이다. 본관은 의성義城이며, 자는 문좌文佐이다. 호는 직강直岡, 심산心山, 벽옹躄翁이며 어리석다는 뜻의 우愚라는 별명으로 불리기도 하였다.

김창숙 생가(성주군 대가면 칠봉리)

직강이라는 호는 아버지가 지어준 것인데, 동리의 앞산 직준봉에서 '직'자를 딴 것이다. '강'자는 선대 이래 즐겨 쓴 한자인데, 13대조 김우옹金宇顒은 동강東岡, 8대조 김 남수金南粹는 월강月岡, 아버지 김호림은 하강下岡이라는 호를 썼다. 그러니 직강이라는 호는 김우옹-김남수-김호 림으로 이어지는 의성김씨 가통을 계승한다는 의미를 담 고 있다.

심산은 "나는 40세에 마음이 움직이지 않았다我四十不

動心."라는 맹자의 말을 새겨 스스로 정한 호이다. 40세를 맞이하면서 그동안의 삶을 뒤돌아보고 새로운 각오를 다지고, 공자가 "40세에 흔들리지 않았다四十而不惑."라는 말과 함께 맹자의 '부동심不動心'을 떠올리면서 모진 풍상에도 변하지 않고 올곧게 우뚝 솟아 있는 산처럼 조국의 독립을 위한 자신의 마음을 변함없이 굳게 지키며 살겠다는 결의를 다지면서 자신의 호로 삼았던 것이다.

우와 벽옹은 다른 사람들이 지어준 별명과 호이다. 그는 어려서부터 자신이 옳다고 생각하는 대의를 위해서는 일신의 영달을 고려하지 않고 남들이 두려워하고 꺼리는 어려운 일에 항상 앞장섰다. 그러기에 대한제국 위정자들의 불의를 성토하는 데 앞장섰고, 유림을 대표하여 중국으로 망명하여 독립운동에 헌신했으며, 그 과정에서도 자파自派의 세력 확대나 주도권 경쟁에 참여하기보다 민족적 대의를 지키는 데 심혈을 기울였다. 세속적 이해관계를 고려하여 시류에 영합하지 않고 민족적 대의와 도덕적 명분에 충실하려는 그를 세상 사람들이 "자네 이름을 우愚라고 부르세!"라고 하였다. 그 말을 듣고 좋다고 하면서 어리석을 '우愚'자를 자신의 호로 삼았다. 심산은 독립운동을 하다가 일제에 투옥되어 옥고를 치렀는데, 혹독한 고문 때문에 나이 들어 다리를 제대로 쓸 수 없게 되었다. 세상 사람들이 앉은뱅이 노인이 되었으니 "자네 호를 벽옹이라고 부르세!"라고 하자, 좋다고 하였다. 이렇게 해서 심산은 호를 '벽옹', 이름을 '김우'로 정하여 '벽옹 김우'라고 불리게 되었다.

아버지 김호림의 가르침

심산 김창숙은 1879년 동강 김우옹의 13대 종손으로 태어났다. 아버지 김호림이 동강 김우옹의 12대 종손으로 입적入籍한 지 15년이 지난 뒤로 38세의 나이에 어렵게 얻은 종손이었다. 생조부모와 양조부모 모두 돌아가신 뒤에 태어났으므로 심산의 양육과 교육은 오직 부모의 손에서 이루어졌다.

아버지 김호림은 1842년 안동부 해저리(현재의 봉화군 봉화읍 바래미)에서 통덕랑通德郎 김지영金趾永과 병조참판을 지낸 함창咸昌 김진하金鎭河의 딸 사이에서 둘째 아들로 태어났다. 김진하는 1805년 증광시에 합격하여 생원이 되었으며, 1841년 과거에 병과 6위로 급제하였다. 자는 치청稚淸이며, 관직은 지평, 정언, 장령 등을 거쳐 병조참판과 도총관에 이르렀으니 말년에는 국방의 책임을 맡았다.

1864년 동강 김우옹의 후손 사서沙棲 김형직金馨直은 아들 김도영金道永이 자식 없이 일찍 세상을 떠나자, 김우옹의 중형仲兄인 개암開巖 김우굉金友宏의 후손인 김호림을 손자로 맞아들여 대를 잇게 하였다. 이로써 김호림은 김우옹의 12대 종손이 되어 가통을 계승하게 되었다.

동강 김우옹은 남명南冥 조식曺植의 문하로 문과에 급제한 후, 학문적 깊이와 시의성 있는 정책을 제안하여 선조의 신임을 받았다. 벼슬은 대사헌, 대사간, 이조참판 등을 역임하였으며, 퇴계退溪 이황李滉을 스승으로 섬겼으며, 류성룡, 김성일 등과 정치적 입장을 같이 하였다. 사후에는 문정文貞이라는 시호가 내려졌고, 성주의 청천서원晴川書院에 제향되었다. 동강 이후의 후손 가운데에는 심산의 8대조 월강 김남수가 퇴계학파인 갈암葛庵 이현일李玄逸의 뛰어난 제자로 이름이 높았다. 그러나 심산에 따르면, "월강 이후로 자주 대가 끊어졌다가 이어지니 모두 일찍 죽고 크게 출세하지 못했다." 김호림이 23세에 김우옹 12대 종손이 된 후, "집이 가난해서 조석 끼니를 못 잇는 일이 있었다."고 할 정도로 경제적으로 풍족하지 못했으며, 옷은 집에서 짠 것만 입고, 밖에 나갈 때 말을 타지 않는 등 검소한 생활을 몸소 실천했다고 한다.

심산의 가문은 여러 대에 걸쳐 현관顯官을 배출하지 못하여 정치·경제적으로는 한미하였지만, 동강 김우옹의 종가로서의 명망은 여전히 유지하고 있었다. 19세기 중반 성주 지방에서는 농민층이 성장하고 신분제가 약화되면서 양반 사족층의 향촌사회 지배력이 약화되고 있었다. 19세기 여러 차례의 농민항쟁과 1894년의 동학농민항쟁이 성주지방에서 일어난 것도 그러한 현상의 일환이었다. 그런데 양반사족층의 지배질서에 저항했던 동학농민군은 "사월리는 하강공의 마을이다. 조심하여 범하지 말라."고 하여 김호림의 마을은 공격하지 않았다. 여기에는 다음과 같은 세 가지 이유를 들 수 있다. 첫째, 김호림이 유교 윤리를 충실히 이행함으로써 사월리가 충신과 효자 마을로 알려졌을 가능성이 있다. 둘째, 김호림은 양반 사족이지만, 사회·경제적 처지가 농민과 큰 차이가 없기 때문에 일반 농민을 수탈하지 않았으므로 동학농민의 원한을 살 일이 없었을 가능성이 있다. 셋째, 김호림은 양반 신분임에도 상민이나 하인에게 예의로써 대우하여 동학농민층에게 반감을 일으키지 않았을 가능성도 있다.

심산은 아버지가 아랫사람들을 다음과 같이 대하였다고 회고하고 있다.

"하녀와 하인들을 거느리는데도 은혜로써 하고 위엄으로 하지 않았다. 사람들이 학대하여 사람들을 부리는 것을 보면 곧 말하기를, '저들이 생각하는 것은 오직 은혜뿐인데 위엄을 가지고 겁나게 하면서 그들이 진심에서 복종하기를 바랄 수 있겠는가?'라고 했다."

김호림은 양부로부터 12대 종손이 해야 할 도리는 말할 것도 없고 《소학》과 경서를 배웠으며, 유교 윤리를 생활화하였다. 양부모를 지극정성으로 모셨으며, 1869년부터 3년 동안 양부모와 생부모를 여의는 연이은 슬픔에 병이 들어 위태롭게 되었음에도 상례를 갖춤에 어그러짐이 없었다. 대원군의 서원철폐령이 내려진 뒤에는 고을의 유지들과 협의하여 월천서당月川書堂을 세워 향리의 자제들에 대한 교육이 체계적으로 이루어지도록 하였다. 뿐만 아니라 집안의 선조가 세운 고반정考槃亭을 중수하여 집에 소장하고 있던 천여 권의 서적을 비치하고 한주 이진상의 제자들을 중심으로 한 원근의 학자들과 교류하고 소통하는 장소로 사용하였다. 1870년대 중반 서울로 가서 기호 남인의 종장으로 추앙을 받고 있던 성재性齋 허전許傳(1797~1886)을 만났다. 이어 성주 출신의 대유학자 한주寒洲 이진상李震相(1818~1886)을 스승으로 섬기며 본격적으로 학문을 닦았으며, 한주의 문하생들과 함께 서당을 만들거나 향리에서 향약鄕約과 향음례鄕飮禮를 시행하는 등 유교적 향촌문화의 정착에 힘을 기울였다.

김호림은 처음에는 과거를 통한 관료를 꿈꾸었으나 과거에 몇 차례 실패하고 또 시대 상황이 여의치 않게 되자 "말세에 벼슬하는 것은 부끄러운 일이다."라면서 퇴계의 《성학십도》를 직접 그려 옆에 걸어두고 유교 경서와 역사서 등을 읽으며 의관을 정제하고 바른 자세로 유교적 예교를 일상생활에서 실천하는 일에 마음을 두었다. 1883년에는 12대조 동강 김우옹을 문묘에 배향할 것을 청원하는 운동에 주도적으로 참여하였다.

그는 1895년 명성황후 시해 사건이 발생하고 단발령이 실시되자 항일 의병을 일으키고자 격문을 인근에 돌렸다. 성주군수 이규환李圭桓과 경상도 관찰사 이병감李炳鑒이 찾아와 한편으로는 위협하고 한편으로는 회유하는데도 "마음은 한 몸의 주인이고, 몸은 내 마음의 집이오. 차라리 집 없는 주인이 될지언정, 주인 없는 집이 되지는 않으리라."

는 시를 지어 이미 뜻이 정해졌으므로 고칠 수 없는 뜻을 말하였다. 관병의 감시 속에서도 의병의 조직 작업을 추진하였으나 당초 함께 거사하기로 했던 인사들이 머뭇거리면서 일이 진척되지 않았다. 의병 봉기가 실패로 돌아가자 슬픔과 분노를 이기지 못하여 술을 마시고 눈물을 흘리면서 '사기가 죽었으니 나라가 장차 망하지 않을 수 있겠는가?'라고 탄식하였다. 오래지 않아 '약이나 침으로 고칠 수 없는 병'에 걸려 1896년 2월 세상을 떠나게 되었다.

아버지 김호림은 성주 지역에서 한주 이진상의 문하에 들면서 한주학파의 학문적 영향 아래에서 활동하였다. 따라서 그의 활동은 유교를 통한 향촌 교화 활동이 중심이 되었다. 그러나 그는 항일 의병을 조직하다가 실패하자 나라가 멸망할지도 모른다는 슬픔과 분노 때문에 목숨을 잃을 만큼 우국충정의 지사다운 면모를 보이기도 하였다.

심산 김창숙의 사상과 행동에는 아버지의 가르침이 중요한 영향을 미쳤다. 그는 '아버님의 참다운 덕과 훌륭한 행실'이 사라지지 않도록 해야 한다고 생각하여 1940년에 아버지의 유사遺事를 정리하였다. 그는 부친의 삶이 '충신忠信, 청백, 정직'이라는 세 가지 덕목을 위주로 하였다고 했다. 옳고 그름의 분별에 엄정하였으나 박절하지는 않

앉다고 한다. 마을 사람이나 자식과 조카들의 착한 행실
은 칭찬하고 잘못한 일에 대해서는 때리거나 꾸짖기보다
는 타일러서 잘못을 바로잡도록 했다고 한다. 그러나 한
번 마음에 옳은 일이라고 생각하면 "한칼에 두 토막 내듯
단칼에 실행하였다."고 한다. 향촌사회나 문중에서 의견
이 분분하게 나뉠 때마다 하강 김호림이 논의를 정리하고
결론을 내리면 모두 따랐다고 한다. 또 1883년 동강의 문
묘종사를 청하기 위해 상경하여 민태호閔台鎬 판서를 만나
담판을 벌이거나 1895년 항일의병을 일으키고자 했던 일
도 하강 김호림이 과단성 있는 실천력의 소유자였음을 보
여주는 사례이다.

어머니의 가르침과 누이동생의 도움

심산 김창숙의 어머니 인동장씨는 1896년 남편이 작고
한 이후 동강의 종가 안주인으로서 종가 살림을 꾸려가면
서 아들이 독립운동가로 활동할 수 있도록 엄정하게 지도
하였다. 어머니는 자식 교육에서 사사로운 감정보다는 종
가로서 명예를 자랑스럽게 여기며 조국과 민족을 위한 대

의를 중시하였다.

심산은 18세인 1896년에 아버지를 여의었다. 아직 어린 나이이기에 상례를 제대로 지키지 않아 상중에도 술을 마시고 고기를 먹었다. 이를 보다 못한 어머니는 아들을 다음과 같이 꾸짖었다.

"너는 지금 과부의 자식이다. 네가 대현大賢의 종손으로서 상중에 무례함이 이 지경에 이르렀으니 아버님의 혼령이 계시다면 자식을 두었다고 여기시겠느냐?"

심산은 이 말에 크게 깨달은 바가 있어, 매일 예의에 관한 책을 읽으면서 행실을 바로 하였으며, "항상 어머니의 훈계를 어기지 않고 아버지의 뜻을 잃어버리지 않기 위해 노력했다."고 한다.

김창숙은 1910년 국망에 대한 치욕과 분노 때문에 술과 함께 방랑하는 생활을 하였다. 1913년에 집에 돌아오자 어머니는 자식을 껴안고 통곡하면서 엄하게 꾸짖었다.

"너는 훌륭한 어른의 종손으로 책임이 막중하다. 네가 경술년 이후로 하는 짓이 난봉꾼이나 나쁜 소인배와 다름없구나. 네가 선대의 유업을 더할 수 없이 떨어뜨렸으니 네 어찌 문정공의 사당에 설 수 있겠는가?"

이렇게 어머니는 심산이 동강 김우옹의 13대 종손으로
서 조상의 명예를 떨어뜨린 죄를 나무랐다. 이어서 다음
과 같이 말했다.

"망국으로 인한 울분으로 자제력을 잃고 패악한 행동
을 했다고 하지만, 유교의 명분과 가르침에서도 즐거움을
찾고 몸을 편안히 하면서 천명을 세울 수 있을 것이다.
개과천선하여 학술을 닦으면서 서서히 조국의 광복을 도
모하되 기회를 보아 움직이는 것이 너의 나아갈 길이다."

어머니는 국망 이후 실의에 빠져 있는 아들에게 학문을
닦아 조국을 광복하기 위해 노력하는 것이 명가 종손의
도리이며 어머니에게 효도하는 것이라고 가르쳤다. 이후
심산은 학문에 전념하였다.

심산 김창숙은 1919년 한국의 독립을 국제사회에 요구
하기 위해 유림단의 대표로 중국 상해로 가고자 하였다.
그러나 늙으신 어머니를 봉양할 형제가 없어서 고민이 되
는 사정을 어머니께 말씀드렸다. 그러나 어머니는 심산에
게 다음과 같이 말하였다.

"네가 이미 나라 일에 몸을 허락하였으니 늙은 어미를 생각하지 말고 힘쓰라. 네가 지금 천하의 일을 경영하면서 오히려 가정을 잊지 못하느냐?"

심산은 1920년 3월 상해에서 어머니가 돌아가셨다는 소식을 들었다. 이에 어머니 장례를 치르기 위해 귀국하려고 하였으나, 조국을 떠날 때 "가정사를 잊고 국가를 위한 대의에 충실하라."는 어머니의 교훈을 새겨 독립운동을 계속하는 길을 선택하였다.

위의 세 가지 사례는 심산 김창숙이 배우고 성장하여 독립운동 지사로서의 삶의 자세를 일관되게 견지할 수 있었던 데에는 어머니의 가르침이 매우 컸음을 말해 준다.

심산 김창숙은 4남 1녀의 장남으로 태어났으며 동강 김우옹의 13대 종손이었다. 따라서 그가 해외로 망명하거나 국내에서도 일제 관헌의 감시와 통제를 받아야만 했던 독립운동가로서의 삶을 선택하게 되면, 어머니를 모시는 것과 종가의 일을 돌보는 일이 물리적으로 어렵게 되었다. 따라서 그는 스스로 불효자라고 자책감을 벗어나기가 어려웠다. 그가 해외에 나가 독립운동을 할 때 그를 대신해서 어머니를 모시면서 집안일을 도왔던 사람은 둘째 누이 동생이었다.

심산의 둘째 누이동생은 성산星山 이간李偘에게 시집갔는데, 24세에 과부가 되었으나 평생 수절할 만큼 유교적 의리를 중시하였다. 심산이 1919년 독립운동을 위해 중국으로 떠날 때 둘째 누이동생이 와서 어머니를 봉양하였다. 이듬해 어머니가 돌아가심에 장례 또한 누이동생이 도맡아 처리하였다. 1928년 심산이 투옥되어 있을 때 옥바라지를 하는 일이나 질병으로 가석방된 뒤 절에서 요양할 때에도 뒷바라지를 하는 일은 그 누이동생 몫이었다. 1940년 심산이 어머니 묘소에 여막을 짓고 뒤늦게 상복을 입고 시묘할 때 옆에서 함께한 이도 둘째 누이동생이었다. 누이동생의 효성과 우애는 심산의 독립운동을 지키는 보루와 같았다.

전통적 유학 공부

심산 김창숙은 《자서전》에서 자신은 어려서부터 어리석었고, 늙어서는 더욱 어리석었다고 적었다. 그래서 세상 사람들이 김우金愚라는 별명을 지어주었을 때 좋다고 하여 받아들였다. 그의 자서전은 자신이 어리석어서 저지른 실수에 대해 자세하게 기록하고 있다. 그리고 그러한 어리석음과 실수가 아버지와 어머니의 가르침에 따라 그리고 유학에 대한 본격적인 공부를 통해 어떻게 극복되어 가는지를 적고 있다.

심산은 아버지 김호림이 38세가 되어 뒤늦게 얻은 아들이다. 게다가 대대로 손이 귀한 집안의 13대 종손이었다. 양자로 들어와 동강의 종통을 이어야 하는 아버지로서는 심산을 얻게 된 것을 큰 복으로 여겨 애지중지하였다. 그러나 늦게 얻은 자식이라고 하여 어리광을 받아주지는 않았다. 동강 김우옹의 13대 종손으로 지켜야 할 유교적 소양과 생활 규범을 엄정하게 가르쳤다. 그러나 가르치는 방식은 아버지가 선비로서 지켜야 할 법도를 몸소 실천하면서 모범을 보이고 아들이 스스로 깨닫기를 기다렸다.

심산은 《자서전》에서 어렸을 적 아버지의 교육에 대한 기억을 다음과 같이 적고 있다.

"불초인 내가 잘못이 있으면 당장 때리거나 꾸짖지 않고 약간 얼굴빛을 달리하면서 즐겨 하지 않는 기색만 보였다. 내가 황공하여 죄를 청하여 그제야 천천히 말씀하시기를, '네가 몸가짐을 조심하지 않으니 장차 이 애비를 어떤 처지로 만들 작정이냐?'고 하셨다."

이처럼 아버지는 유교적 인륜도덕을 지키는 자신의 일상생활에서는 엄격하면서도 자녀 교육에서는 강압적인 훈육이 아니라 자녀들이 스스로 깨우칠 때까지 기다리는 방식으로 임하였다. 그리고 아들이 자신의 잘못을 깨우쳐 가르침을 받아들일 마음의 준비가 되었을 때, 말로써 타일렀다. 이때 아버지가 아들에게 명심하라고 한 말은 "아들의 행실은 아버지의 처지에 영향을 미친다."는 것이었다. 말하자면 사람은 하나의 개인으로서 독립적으로 존재하는 것이 아니라 부자 관계나 집안 속에서 주어진 자신의 위치에 적합한 처신을 해야 하는 존재라는 사실을 깨닫도록 한 것이다. 아버지는 어린 심산을 가르칠 때, 자식이 된 자는 모름지기 어버이나 집안을 부끄럽게 하지 말라는 가르침을 일깨운 것이다.

사람의 성품은 본래 선하다는 맹자의 성선설을 믿고 스스로 사람의 도리를 깨우치도록 하는 아버지의 너그러운 교육은 어린 심산의 기백을 살려주고 자신감을 갖도록 하는 원천이 되었다. 게다가 양반 명가가 지닌 명예를 지키려면 행실을 조심해야 한다는 가르침 또한 명가의 후예라는 자긍심을 갖도록 하는 일이었다.

그러나 한편으로는 청소년기 심산은 구속받기 싫어하

는 자유로운 생활로 일탈 행동을 보이기도 하였다. 그는 《자서전》에서 "나는 아이 적부터 성질이 거세어 결코 남에게 지려 들지 않았기 때문에 동무들이 모두 꺼려하고 피했다."고 했다. 강한 기질의 소유자로서 지기 싫어하는 자존심 강한 아이였다.

그가 글을 배우기 시작한 것은 여섯 살 때인 1884년부터였다. 그런데 외우는 데에는 남다른 재질을 보여서 책을 읽지 않고도 곧잘 외웠다고 한다. 한자를 깨우치자 여덟 살 때인 1886년부터는 《소학》을 배우기 시작했다. 소학은 아버지가 세운 월천서당에서 아버지로부터 열 살인 1888년까지 배웠다. 그는 《소학》을 공부하면서 한문 해독 능력을 향상시키고 어린이가 지켜야 할 유교적 생활윤리를 배웠다. 그러나 매일 아침 물 뿌리고 비질하며 어른의 부름과 물음에 응대하는 것 등과 같은 유교적 생활규범의 실천은 귀찮게 여겼다.

1888년 열 살이 되자 그는 아버지의 명에 따라 동네에 사는 정은석鄭恩錫으로부터 유학 교육을 받았다. 그가 1892년 열네 살 때까지 4년 동안 배운 것은 사서四書였다. 사서란 《논어》, 《맹자》, 《대학》, 《중용》 등을 말한다. 《논어》와 《맹자》는 공자와 맹자의 말씀을 기록한 책으로 고

대로부터 경전으로 중시되었다. 《대학》과 《중용》은 주자가 유교 경전인 《예기禮記》에서 발췌하여 독립시켜 편제한 책이다. 주자는 사서에 대한 주해를 모아 《사서장구집주四書章句集註》를 편찬하였다. 이후 주자의 사서집주본은 유학 공부의 필수 서적이 되었다.

조선시대 양반 가문의 기본적인 교육 과정은 《천자문》으로 한자를 배운 다음 《소학》을 거쳐 사서를 익히는 것이었다. 이러한 기본적인 교육이 끝나면 각자의 취향과 선택에 따라 특정 전문 분야를 집중적으로 탐구하였다. 그러므로 심산의 청소년기 교육과정은 조선시대 양반 가문의 일반적인 교육과정으로서 별다른 특징적인 모습을 보이지 않고 있다.

심산 자신은 그 청소년 시절의 특징을 유학 공부의 의미를 제대로 깨닫지 못하여 성리학 공부에 재미를 붙이지 못하고 자유롭게 생활했다는 것을 꼽고 있다. 그는 열 살 무렵 정은석 선생에게 사서를 배울 때 착실하게 학습하기보다는 "늘 방종한 아이들을 따라 다니며 놀았다."고 했다. 그래서 스승으로부터 "네가 너의 아버지의 뜻을 따르지 않으니 어떻게 사람이 되겠느냐?"는 훈계를 들어야만 하였다. 이러한 훈계에도 아랑곳하지 않고 "구속받기 싫어하는 기질이 고쳐지지 않았다."고 했다.

그러다가 그는 열서너 살 때인 1891년이나 1892년에는 사서를 떼었다. 노는 아이들과 어울려 놀면서 사서를 공부했기에 읽고 의미를 이해하는 능력은 향상되었다. 그러나 "자기 자신을 위한 배움이 무엇인지 전혀 몰랐다." 그는 아직 유교 경전에 대한 학습을 자기 자신의 인격을 수양하고 도덕적으로 가치 있는 삶을 만들기 위한 배움으로 받아들이지 못했다. 그렇지만 양반 가문의 자제로서 한문에 대한 지식과 유교 경전에 대한 기본적인 소양을 갖출 수 있게 되었다.

사서를 마치자 아버지는 당시 성주 지역의 대표적 학자였던 한계 이승희李承熙에게 아들 심산의 교육을 부탁하였다. 이승희는 한주 이진상의 아들로서 아버지의 학문적 업적을 정리하고 계승하여 발전시킴으로써 한주학파의 중심 지도자로 활동하고 있었다. 심산의 아버지 김호림은 일찍이 한주 이진상을 스승으로 섬기면서 이승희와 친교를 쌓게 되었다. 이에 아버지는 학문에 관심이 부족한 심산을 걱정하여 성주 지역의 유학을 이끌고 있던 한계 이승희에게 자식 교육을 특별하게 부탁했던 것이다. 그러나 심산은 "본래 성리학을 듣기 좋아하지 않아서 그 문하에 들어가지 못하고 말았다.”

1890년대 초반 한계 이승희는 아버지 이진상이 돌아가자 한주학파의 정통성을 확립하기 위한 다양한 활동을 전개하고 있었다. 이진상은 '마음이 곧 이치'라는 '심즉리'설을 주장했다. 이것은 주자의 '성즉리'설에 바탕을 두고 주리론을 전개한 퇴계학파의 주류적 학설과는 다른 것이었다. 이에 안동 중심의 퇴계학파들은 한주 이진상의 심즉리설이 주자의 성즉리설과 다르며 양명학의 심학과 같다고 주장하면서 이단이라며 배격했다. 이에 대해 이승희는 한주의 심즉리설은 양명학의 심학과는 다른 것으로 퇴계학과 모순되지 않는다는 논리를 전개하면서 한주학파의 정통성을 주장하였다.

한계 이승희는 아버지의 학설을 이론적으로 뒷받침하는 작업을 수행하는 한편, 안동에 대항하여 성주 지역의 유학적 정통성 확립을 위한 실천적 작업도 추진하였다. 또한 성주 지역 유학자들의 단결을 도모하고자 성주 지역의 대표적 서원인 회연서원檜淵書院과 대가면의 청천서원을 통합하는 운동을 전개하였다. 더 나아가 그는 화서華西 이항로李恒老의 주리설을 연구하면서 중암重菴 김평묵金平黙 등 기호학파의 학자들과도 교류하였다.

청천서원은 동강 김우옹을 제향하였으며, 회연서원은 한강 정구鄭逑와 그의 문인 이윤우李潤雨를 제향하였다. 동강 김우옹과 한강 정구는 모두 성주 출신으로서 퇴계 이황과 남명 조식을 스승으로 섬겼다. 3년 연상인 김우옹은 문과에 급제하여 관료로 진출하였으며, 학문적으로 조예가 깊은 동향의 정구를 관직에 추천하기도 했다. 김우옹과 정구는 각각 대가면의 청천서원과 수륜면의 회연서원에 제향되면서 성주 유학을 상징하는 인물이 되었다.

따라서 심산의 아버지 김호림이 이승희에게 자식 교육을 맡기고자 한 것은 아들의 학문적 성숙을 기대했던 것만은 아니었다. 아들이 당시 성주 유학의 중심적 지도인물로 활동하고 있던 이승희를 스승으로 섬김으로써 한주학파를 통해 성주 유학의 중흥을 이루는 데 동참하기를 바랐던 것이다. 그리고 이것은 한강 정구와 함께 성주 유학을 태동시켰던 동강 김우옹의 학통이 13대 종손인 아들을 통해 계승되어 부활될 수 있기를 기대하는 것이기도 하였다.

그러나 심산 김창숙은 당시 14세의 어린 나이였다. 그러기에 아버지의 원대한 뜻을 이해하기 어려웠다. 더구나 심즉리설과 성즉리설이 같으니 다르니 또는 주자의 성리학과 왕양명의 심학이 같으니 다르니 등과 같은 이론적이고 현학적인 논쟁에는 귀 기울이지 않았다. 안동 유학과 성주 유학의 정통성 논쟁이나 청천서원이나 회연서원의 통합운동이 동강 김우옹의 학통 확립과 어떤 관계가 있는지도 이해하기 어려웠다. 결국 그는 아버지의 권유에도 불구하고 한계 이승희의 문하에 들어가지 않았다.

동학농민운동 시기의 역사의식 각성

심산 김창숙은 《자서전》에서 14세인 1892년에 사서 공부를 마친 뒤부터 18세인 1896년까지 4년 남짓 동안 어떤 학습을 하였는지에 대해 기술하지 않고 있다. 그 대신 동학농민운동, 갑오개혁, 을미의병 등 한국의 근대사를 뒤흔든 역사적 사건을 통해 자신의 생각과 행동이 어떻게 변화하게 되었는지를 기술했다. 특히 그는 1894년 동학농민운동을 겪은 후 구습을 타파하고 세상을 경륜하는 사회변혁운동가가 되겠다는 뜻을 세웠다는 점을 특기했다.

1894년에는 한국근대사의 획기적 사건들이 일어났다. 제국주의의 침략을 물리치고 탐관오리의 폭압통치와 양반 중심의 신분제를 타파하기 위한 동학농민운동이 전국적으로 전개되었다. 또한 청일전쟁에서 승리한 일본이 한국에 대한 제국주의적 지배를 강화하는 가운데 갑오개혁이 추진되었다. 심산 김창숙은 16세의 나이에 성주에서 동학농민운동과 갑오개혁을 몸으로 느낄 수 있었다. 한국의 운명을 근본적으로 바꾼 역사적 사건은 16세 심산에게 앞으로의 삶의 방향에 대한 각성을 촉구하였던 것이다.

조선시대 양반 명문가의 자제가 걷는 가장 일반적인 선택은 과거 공부를 하여 관료가 되는 길이었다. 그러나 갑오경장으로 과거제가 폐지되면서 과거 공부는 의미가 없어졌다. 다음으로 학자의 길을 선택할 수 있었는데, 이 경우에는 훌륭한 학자를 스승으로 섬기면서 학문을 연마하여 학식과 덕망을 갖출 수 있다. 아버지 김호림은 친구이며 한주학파의 대학자 이승희에게 아들의 교육을 맡겨 학문을 연마할 것을 희망하였다. 그러나 심산은 유교 경전에 대한 이론 탐구나 학자들의 논쟁에는 관심이 없었다.

문자 공부보다 사람들과 어울리며 놀기를 좋아했던 심산 김창숙이 어른으로 성장, 자각하면서 관심을 가졌던 것은 세상 그 자체였다. 문자를 통해 간접적으로 배운 지식보다 그 자신이 직접 겪은 역사적 경험이 그의 마음을 움직였다. 그는 동학농민운동과 갑오개혁이 가져올 세상의 변화가 어떤 의미인지 알고 싶어 했다. 그래서 그는 만물의 생성과 변화의 이치를 담고 있는 《주역》을 읽었다. 그리고 《주역》의 세 번째 괘인 '둔屯'괘에 나오는 '운뢰경륜雲雷經綸'이라는 말로 자신의 뜻을 삼았다. 그는 《자서전》에서 1894년에 "개연慨然히 낡은 관습을 고치고 새 길을 도모하여 운뢰경륜雲雷經綸할 뜻을 세웠다."고 했다.

'운뢰경륜'이란 《주역》의 둔괘屯卦의 상을 설명하는 "운뢰둔군자이경륜雲雷屯君子以經綸"에서 취한 말이다. 둔괘는 건괘乾卦와 곤괘坤卦의 다음, 세 번째로 나오는 괘로서 하늘과 땅이 생기고 난 다음에 그 하늘과 땅 사이에 만물이 가득히 생성하게 되는 과정을 상징하는 괘이다. 즉 하늘과 땅 사이에 구름과 천둥이 가득 차 만물이 생성되기 시작하여 우주를 가득 채우게 되는 법이니 군자는 이를 본받아 경륜해야 한다는 뜻이다. 따라서 심산이 '운뢰경륜할 뜻을 세웠다.'고 말한 것은 천도天道와 천리天理에 따라 낡은 관습을 버리고 새로운 세상을 만들겠다는 의미가 된다.

심산이 낡은 관습을 타파하고 새로운 세상을 만드는 일을 자신의 사명으로 삼게 된 데에는 아버지의 영향이 컸다. 동학농민운동을 전후한 시기 심산은 월천서당에서 글

동무들과 함께 아버지로부터 《주역》과 함께 시 짓기 공부
를 하고 있었다. 이 시기 그가 새로운 세상을 만들기 위한
혁신운동을 결심하게 되는 과정은 심산의 《자서전》에 자
세하게 기록되어 있다.

그가 글동무들과 서당에서 시 짓기 공부를 하고 있었는
데, 들에 나갔다가 모내기하는 모습을 보고 돌아오신 아
버지가 아이들을 불러 다음과 같이 말했다.

"너희들은 옛 사람의 글만 읽고 있어서는 안 된다. 지
금 세상이 어떤 세상이며, 농민들의 노고를 알아야 한다.
오늘 농민들과 같이 모내기를 해보면 곡식이 농민들의 피
땀의 결실임을 알게 될 것이다."

그리고 점심시간이 되자, 아이들로 하여금 나무 그늘에
서 농민들과 섞여 앉도록 하고는 다음과 같이 말했다.

"오늘은 너희들도 다 같은 농부이다. 마땅히 나이의 노소
만을 따질 것이지, 누가 귀하고 천한가를 물을 것이 없다."

아버지 김호림은 양반 자제들에게 평민과 똑같이 노동
을 하도록 하였으며, 신분의 귀천을 따지지 말라고 하였

다. 왜냐하면 지금은 세상이 크게 변하는 때이기 때문이라고 하였다. 《주역》을 읽은 이상 세상 변화의 이치를 알고 살아가야 한다고 하였다. 그는 동학농민운동을 계기로 전통적인 신분제 사회가 해체되는 것이 시대의 대세이므로 양반이라고 하더라도 농민과 함께 육체노동을 해야 하며, 양반과 상민을 차별하는 신분 관념을 타파해야 한다고 가르쳤던 것이다.

심산은 당시 아버지의 가르침의 의미를 제대로 깨닫지 못했다. 그러나 몇 달 뒤 갑오개혁으로 문벌을 폐지하고, 양반과 상민의 계급을 타파하며, 노비법을 철폐하는 조치가 내려지게 되었다. 갑오개혁으로 신분제가 타파되는 등 근대적 개혁 정책이 추진되자 심산은 아버지의 선견지명에 감탄했다. 그래서 아버지의 가르침을 따라 "개연히 구습을 고치고 새 길을 도모하여 운뢰경륜의 뜻"을 갖게 되었던 것이다.

신분제도를 타파한 새로운 세상을 만들겠다는 그의 뜻은 컸다. 그러나 그는 자신의 혁신운동을 이끌어 줄 아버지를 1896년에 여의게 되었다. 동학농민운동을 계기로 평등사회를 전망했던 아버지 김호림은 1895년 을미사변이 일어나고 단발령이 단행되자 성주 지역 유림을 중심으로 항일의병을 일으키기 위해 격문을 돌렸다. 관찰사 이병감과 성주군수 이규환이 찾아와 회유함에도 뜻을 굽히지 않고 의병을 모집하는 일을 계속하였다. 그러나 매일 기병들이 집 주위를 감시하자 지역 유림이 참여를 주저하여 의병이 조직되지 못하였다. 이에 김호림은 "선비의 기상이 죽었으니 나라가 장차 무엇을 의지하겠는가? 나라가 망하지 않고 견딜 수 있겠는가?"라고 탄식하면서 실의와 울분의 나날을 보내게 되었다. 끝내 그는 병을 얻어 세상을 떠나게 되었다.

이제 아버지가 추구했던 사회혁신과 구국의리의 실천은 아들 심산에게 유훈으로 남게 되었던 것이다. 그러나 이제 심산의 나이는 18세였고, 학문도 얕았다. 그래서 부친의 상중임에도 상제의 예법도 지키지 않고 술도 마시고 고기도 먹었다. 이 모습을 본 어머니는 자식을 불러 앞서 언급했듯이 아들을 나무랐다.

어머니의 꾸중을 듣고 심산은 마음을 고쳐 잡고 부모님의 가르침에 따라 새삼 예학 서적을 읽고 근신하는 생활을 하였다.

한주학파의 문하생

심산은 1894년 사회를 혁신할 큰 꿈을 가졌다. 그러나 "아직 나이가 어리고 학문이 얕으므로 움직일 때가 아니다."라고 판단하였다. 게다가 1896년 부친상으로 자신의 뜻을 실천에 옮길 수 없었다. 1898년 부친의 상기를 마치자 본격적인 배움의 길을 걷고자 하였다. 그는 세상에 대한 견문을 넓히고자 당대 최고의 유학자들을 찾아 배움을 구하였다.

그는 만구 이종기李種杞, 면우 곽종석郭鍾錫, 대계 이승희, 회당 장석영張錫英 등의 문하에 출입하면서 유교 경전에 대한 깊이 있게 탐구하였다. 그 가운데에서도 대계 이승희에게 마음속으로 깊이 감복되어 성심성의껏 섬기게 되었다. 심산이 배운 이종기, 곽종석, 이승희 등은 모두 부친 김호림과 교유하던 학자들로 퇴계학파에 속하면서도 안동의 주류파와는 달리 퇴계학 이외의 학문과 사상에도 개방적인 태도를 취하였다.

이종기는 퇴계학파의 정통인 정재 류치명柳致明을 사사했으면서도 퇴계의 주기설에만 매몰되지 않는 개방적 경향을 보였다. 곽종석은 경남 산청 출신으로 어려서 유가 뿐만 아니라 도가와 불가서도 읽었으며, 이진상의 문하생이 되어 심즉리설을 심화시켰다. 나아가 기호와 관서 지방의 학자들과도 교류를 넓히는 한편 서양의 그리스 철학과 기독교 교리까지 탐구하는 등 개방적이고 혁신적인 성향을 나타냈다. 대계 이승희는 한주 이진상의 아들로 아버지의 심즉리설을 체계화하고 전파하는 것을 일생의 과업으로 삼았다. 심산이 스승으로 섬겼던 학자들은 공통적으로 영남 지방 퇴계학파의 비주류로서 사상적으로 개방적 태도를 지니고 있었으며, 심즉리설을 따르는 한주학파의 영향권 아래에 있었다는 특징이 있다.

이진상의 심즉리설은 퇴계의 주리론을 발전적으로 계승한 것이지만, 이기이원론을 전제로 성즉리설을 주장하던 주자학이나 퇴계학을 해체하는 방향으로 나아갔다. 이치와 기질을 엄격히 나누는 퇴계학파의 이기이원론은 '본성'과 '감정'을 극단적으로 대립시키면서 욕망과 감정을 사사로운 것으로 배척하는 태도를 갖는다. 이에 서학西學과 서양 문명에 대해 강한 거부감을 보이면서 위정척사의 논리를 강화했고, 이것은 영남 유생들의 항일 의병항쟁의 지도 원리로 자리 잡았다. 그러나 심즉리설을 따랐던 19세기 한주학파의 학자들은 당시 퇴계학파 주류의 보수적 학자들과는 다른 태도를 보였다. 인간의 본성뿐만 아니라 감정도 포함하는 마음 전체를 도덕적 이치와 부합하는 것으로 해석하였다. 말하자면 인간의 사사로운 감정과 욕망 속에서도 보편적 이치의 가능성을 찾고자 한 것이다. 한주학파는 사람들 사이의 개별성과 차이에 주목하기보다는 모든 인간이 갖고 있는 마음의 보편성에 초점을 맞추었다. 이러한 보편주의적 심학은 서양 사람들에게서도 보편적인 의리를 찾을 수 있다는 인식으로까지 나아갔다.

곽종석, 이승희, 장석영 등은 서양문물과 만국공법을 수용하였다. 그들은 외국 사람들도 보편적 의리와 도덕관념을 갖고 있다고 보았다. 그렇기에 한주학파의 학자들은 서양 제국주의 세력의 침입이라는 현실에 대해 산 속으로 들어가 옛 의리만을 지키는 방식이나 무장하여 외국 세력과 맞서 싸우는 의병항쟁을 모두 거부하였다. 한주학파는 상소문을 올려 국왕의 마음을 움직이거나 언론이나 서한을 통해 국제사회에 불의한 인사의 불법적 행동을 징벌할 것을 호소하는 방식을 채택하였다.

특히 김창숙이 스승으로 섬겼던 이승희는 1896년 침략자 일본이 명성황후를 시해하는 만행을 저지르자 곽종석 등과 함께 외국의 여러 나라 공관에 서한을 보냈다. 여기

이승희

서 그들은 국제사회에서 공통적으로 지켜야 하는 도리를 규정한 만국공법이 있음을 지적하면서 이에 따르면, 일본은 천하의 역적이므로 국제사회가 일본을 물리쳐야 한다고 주장하였다. 더 나아가 이승희는 1907년 네덜란드의 헤이그 만국평화회의를 계기로 세계 평화 기구를 구상하였다. 그는 1908년 러시아의 블라디보스토크로 망명한 직후 '만국대동의원'을 설치하여 한국의 독립과 세계 평화를 동시에 실천할 것을 주장하였다. 말하자면 한주학파의 학자들은 서양인을 오랑캐로 여긴 것이 아니라 더불어 의리를 논할 수 있는 마음을 가진 사람들로 보았던 것이다. 그리고 국제사회 또한 만국공법의 이름으로 한국의 주권을 수호해 줄 수 있는 도덕적 의리를 추구하는 존재로 보았다. 한주학파의 서양 문물에 대한 개방적 수용 태도는 김창숙을 혁신적 유교 지식인으로 만드는 바탕이 되었다.
심산은 유학을 본격적으로 공부하면서 이론 탐구에만 치
우쳐서는 안 된다고 생각했다. 그가 세상을 돌아다니면
서 여러 스승들을 만나서 배움을 구하는 이유는 학자 집
단 안에서 자신의 학문과 이론 체계를 만들기 위한 것이
아니었다. 그의 유학 탐구는 사회를 크게 혁신하기 위한
방법의 하나였다. 사회 혁신의 필요성은 자신의 아버지
를 울분에 빠뜨려 돌아가시게 만든 외국세력의 침입과 동
학농민혁명을 계기로 형성된 것이었다. 그래서 그는 학자
들을 만날 때마다 성리설에 대한 논쟁과 같이 고담준론을
벌이면서 어떻게 위기에 빠진 나라를 구할 수 있겠느냐고
하면서 구국 실천 활동을 하지 않는 선비들을 다음과 같
이 비난하였다.

"성인의 글을 읽고도 성인이 세상을 구제한 뜻을 깨닫
지 못하면 그는 가짜 선비이다. 지금 우리는 무엇보다 이
따위 가짜 선비들을 제거해야만 비로소 치국평천하의 도
를 논하는 데에 참여할 수 있을 것이다."

심산은 선비란 모름지기 공자의 구제주의 정신을 살려
나라와 세계의 평화를 실천하는 활동을 해야 한다는 것이

다. 책을 읽고 이론 논쟁에만 머물게 되면 그것은 가짜 선비라고 보았던 것이다. 그가 가짜 선비에 대해 비판적 인식을 갖게 된 것은 아버지가 의병을 조직할 때, 선비들이 참여를 주저하면서 의병 봉기가 실패로 돌아갔고, 그 때문에 아버지가 병사했던 일이 큰 이유가 되었을 것이다.

심산은 우선 유교의 교리를 향촌사회에서 실천하는 활동에 주력했다. 과거 아버지가 의병을 일으키려고 했다가 실패한 원인은 지역사회의 공동체적 결속이 이루어지지 않았기 때문이었다고 보았다. 그는 유교를 지역사회를 향촌공동체로 결속하기 위한 실천적 가르침으로 활용하고자 했다. 이를 위해 성산향약을 제정하여 제자들과 함께 향약을 시행하였다. 종래의 향약이라고 하면 지역의 양반 지주들이 농민을 유교적 예법으로 통제하고 지배하기 위한 수단으로 활용되었다. 그러나 심산이 시행한 향약은 1894년 동학농민항쟁을 계기로 신분 평등사상을 갖게 된 뒤에 만들어졌다. 그리고 한주학파의 학자들로부터 유교를 배우면서 기존 관념을 벗어난 다양하고 개방적인 사고를 하게 되었다. 뿐만 아니라 외적의 침입이라는 국가적 위기 상황에서 향촌사회를 결속하기 위한 목적에서 향약이 시행된 것이었다. 따라서 이때 심산이 성산 지방에서 시행한 향약은 종래 양반 중심의 지배질서 확립이라는 성격보다는 국난 극복을 위한 향촌공동체 확립이라는 성격을 지녔을 가능성이 높다고 하겠다.

이렇듯, 동강 김우옹의 13대 종손인 김창숙은 1898년 20세 이후 영남 지역의 대학자들을 스승으로 모시면서 배움을 넓히고, 여러 지역의 선비들과 시국에 관한 토론을 하면서 향촌사회의 지도적 인물로 활동하였다. 이에 중앙 정계에서 심산을 발탁하여 관료로 추천하고자 하는 일이 발생하였다. 경남 김해 출신으로 높은 관직에 오른 이유인李裕寅이 사람을 보내 심산에게 관직 진출을 제안한 것이다. 이에 학문이 높지 않다고 거절했으나 또 사람을 보내 권유함에 병을 핑계로 끝내 벼슬길에 나서지 않았다. 심산은《자서전》에서 이유인을 명성황후의 총애를 받았던 '진령군이라는 요망한 계집과 결탁해서 광무황제의 총애를 받고 권세를 부렸던' 자로 기억했다. 이것으로 보아 그는 당시 선비들로부터 지탄을 받고 있던 진령군과 결탁한 이유인의 추천으로 관직에 진출하는 것은 바람직하지 않다고 생각하여 거절했다고 볼 수 있다.

제2장

구한말 구국운동

을사오적 처단 상소운동 참여

심산 김창숙은 20대에 접어들면서 대외적으로는 제국
주의 세력이 침투하고 대내적으로는 지배층과 기층사회의
분열로 나라가 멸망할지도 모른다는 위기의식을 가졌다.
이에 나라를 이끌어 갈 선비들이 글공부만이 아니라 실천
적 행동을 해야 한다고 생각했다. 이를 위해 그는 향촌공
동체를 재결속하는 작업을 추진했다. 그러다가 1905년에
그가 우려했던 국망의 위기가 실제로 다가왔다.

러일전쟁에서 승리한 일본은 1905년 11월 대한제국과
조약을 체결하여 외교권을 박탈하고 통감부를 설치하여
내정에 간섭하기 시작하였다. 대한제국을 일본의 보호국
으로 규정한 이 조약은 외부대신 박제순朴齊純과 특명전권
공사 하야시林權助 명의로 체결되었다. 대한제국 황제가

참여하지 않고 참정대신 한규설韓圭卨과 탁지부대신 민영기閔泳綺는 반대하는 상황에서 이완용李完用, 이근택李根澤, 이지용李址鎔, 박제순, 권중현權重顯 등 5명 대신의 찬성으로 조약이 체결되었다. 더구나 무장한 일본의 헌병과 경찰의 위협 속에서 강제로 체결된 것이었다. 이 조약에 따라 한국의 내정을 통제하기 위한 통감부가 설치되었고, 1906년 2월 이토 히로부미伊藤博文가 초대 통감으로 부임하게 되었다.

을사조약이 강제로 체결되었다는 소식이 알려지자 민영환閔泳煥 등이 자정순국自靖殉國하는 등, 전국적으로 조약 파기와 을사오적을 처벌하라는 운동이 거세게 일어났다. 한주학파에서는 심산의 스승 이승희가 중심이 되어 을사조약 반대와 을사오적 처벌을 주장하는 상소운동을 추진하였다. 이승희는 성주는 물론 경상도 전체에 통문을 돌려 상소운동에 동참할 인사들을 모집하였다. 이에 곽종석, 장석영 등 심산의 스승은 물론 영남 지역의 대표적 유학자 300여 명이 참여하였다. 이승희가 대표, 장석영과 이두훈李斗勳이 부대표가 되어 1905년 11월 14일 상경하여 복합상소伏閤上疏를 하고자 하였다. 그런데 복합상소가 여의치 않아 26일과 29일 두 차례에 걸쳐 승정원에 상소문을 올렸으나 비답을 얻지 못하였다.

심산 김창숙은 스승 이승희가 주도한 영남 유생들의 집
단적 상소운동에 동참하였다. 이것은 그가 국가와 사회를
위한 사회운동에 첫발을 내딛는 운동이었다. 그의 스승들
과 함께 참여한 이 운동은 앞으로 그의 사상과 활동의 방
향 설정에서 중요한 의미를 지닌다. 첫째, 유학자들을 결
집시키고 그들의 집단적 여론을 정책 결정권자들에게 전
달함으로써 잘못을 바로잡고자 했다는 점이다. 둘째, 불
의와 잘못을 저지른 자들에 대한 처벌을 논할 때 그들에
게도 적용할 수 있는 세계 인류의 보편적 원리나 법칙이
존재한다고 믿었다는 점이다.

이승희는 상소문에서 을사오적은 '대한 강상綱常의 적'
이라 하였고, 이토 히로부미를 '천하 강상의 적'으로 규
정하였다. 그들은 '강상의 적'이기 때문에 죄인으로 처벌
을 받아야 한다는 것이었다. '강상'이란 '삼강오륜'과 같은
유교적 인륜 도덕을 뜻하는 것으로 국가 차원에서는 물
론 국제사회에도 적용되는 윤리로 파악되었다. 구체적으
로는 인륜도덕에 기초한 국가의 법과 국제법, 곧 만국공
법을 뜻하는 것이었다. 그는 만국공법을 '천하의 공리'라
고 하였다. 세계 인류에게 적용되는 보편적인 도덕적 원

리와 법이 존재하므로 그에 따라 불의·불법을 저지른 자들에 대한 처벌이 필요하다는 것이었다. 유교의 인의도덕은 특정 국가의 범위를 넘어서서 국제사회에도 적용되어야 할 법이었다. 따라서 이승희는 이토 히로부미를 만국공법, 즉 천하의 공리를 어긴 천하 강상의 적이기 때문에 토죄해야 한다고 주장했던 것이다. 그는 자신을 체포한 일본군 사령부에도 서한을 보냈으며, 이토 히로부미에게도 서한을 보내 일본과 이토 히로부미의 죄를 성토하였다. 그는 이토 히로부미에게 두 나라의 법정에서 서로 만나서 '천하의 공의公議'에 따라 옳고 그름을 가려보자고 제안하기도 하였다.

심산 김창숙은 스승 이승희를 스승으로 모시고 상경하여 상소운동을 전개하였다. 그러나 고종으로부터 상소에 대한 비답을 듣지 못함에 따라 심산은 통곡하고 고향 성주로 돌아올 수밖에 없었다. 심산이 이승희를 모시고 상소운동에 참여했다는 것은, 그도 스승처럼 만국공법을 세계 평화와 국제질서 확립을 위해 필요하다고 보고, 만국공법을 통해 국가와 민족 사이의 부도·불법한 행위들을 징벌하는 것이 가능하다고 생각했다고 볼 수 있다. 또 상소문에서 '을사오적'과 이토 히로부미를 모두 '강상의 적'

으로 토죄의 대상으로 삼았다는 것은 국제사회에 유교적 강상윤리를 적용해야 한다고 생각하였음을 말해 준다. 심산은 이승희처럼 유교적 강상 윤리의 세계적 보편성을 받아들이고 있었다. 이는 유교적 강상윤리를 통해 세계 평화를 달성할 수 있다는 유교적 신념에 기초한 사고방식이었다. 이전부터 심산은 선비들은 모름지기 성현의 가르침에 따라 '치국평천하', 즉 나라를 다스리고 세계 평화를 건설하는 실천적 활동을 전개해야 한다고 역설하였다. 심산에게 1905년의 을사오적 처단 상소운동은 '치국평천하'라는 유교의 구세주의적 사명을 실천하는 운동이었다.

이러한 국권 회복과 세계 평화를 유교의 도덕적 구세주의의 실천으로 보는 상소운동은 당시의 혁신적 지식인들이 국제사회를 도덕보다는 힘의 논리가 지배하는 생존경쟁과 우승열패의 현실로 보았던 것과는 차이가 있다. 뿐만 아니라 무장투쟁을 통해 일본 제국주의 침략 세력을 물리치려고 의병전쟁을 선택한 보수적 유림의 선택과도 다른 것이었다.

국채보상운동 참여와 성명학교 설립

러일전쟁 시기 대한제국은 중립을 표방하면서 전쟁 방지와 독립을 위한 외교활동을 전개하였으나 전쟁을 막지 못하였다. 1898년 청일전쟁에서 청국을 물리쳤던 일본은 1904년에는 러일전쟁을 도발하여 한반도에서 러시아 세력을 물리쳤다. 이는 영국이 러시아 세력의 남하를 저지하기 위해 일본과 두 차례에 걸쳐 영일동맹을 체결했기 때문에 가능한 일이었다. 또한 일본은 미국과 카츠라-태프트 밀약을 체결하여 미국의 필리핀에 대한 지배권을 인정하는 대가로 미국으로부터 한국에 대한 지배권을 인정받았다. 이로써 대한제국에 대한 일본의 통제력에 도전하는 세력은 없어졌다. 나아가 영국과 미국 등이 주도하는 서구 세력은 아시아에서 러시아 세력의 남하를 견제하기 위해 한국을 일본의 보호국으로 만드는 것을 용인하였다.

대한제국이 일본의 군사적 위협 속에서 강제로 외교권을 박탈당하고 국제법상 일본의 보호국으로 전락한 것은, 국제사회가 도덕이 아니라 힘의 논리가 지배하고 있음을 보여주는 것이었다. 따라서 심산이 스승 이승희를 모시고 상소운동을 전개했지만, 불충의 죄를 저지른 '을사오적'과

만국공법을 위반한 이토 히로부미를 단죄하는 일은 현실
화되기 어려웠다. 그러기에 심산은 서울에서의 상소운동
이 실패로 돌아가자 의분義憤에 북받쳐 '통곡'한 후 고향으
로 돌아올 수밖에 없었다.

한국이 제국주의 열강의 전쟁터로 변하고, 전쟁에서 승
리한 일본의 보호국으로 전락한 현실은 유교의 평화주의
적 도덕관념으로는 받아들일 수 없는 일이었다. 따라서
보수적 유학자들은 유교의 의리론에 의거하여 성패를 돌
아보지 않고 불의한 세력에 대한 무장투쟁 노선을 선택하
여 의병항쟁에 참가하였다. 그러나 이승희와 김창숙 등
한주학파 계열의 학자들은 일찍부터 서양 근대문화에 수
용적 태도를 보이면서 유교 혁신을 도모하고 있었다. 또
한 그들은 의병항쟁의 실효성에 대한 확신이 없었으므로
의병에 가담하지 않았다.

이러한 때에 서울과 지방의 도시 지역을 중심으로 구국
계몽운동이 전개되었다. 도시 지역의 개화 지식인들은 한
국의 국권이 실추된 이유는 국가와 민족을 단위로 생존경
쟁을 벌이는 국제사회에서 자강력을 갖추지 못한 데 있
다고 진단하였다. 이에 교육과 실업의 진흥을 통해 국민
의 지적 능력과 경제력을 길러 독립 자강할 수 있는 국민

적 역량을 길러야 한다고 주장하였다. 이를 위해 개화 지식인들은 학교와 각종 단체를 결성하고 실업 활동을 장려하여 자강력을 양성하자는 구국계몽운동을 전개했다. 구국계몽운동 진영에서는 보수적 유학자들 중심으로 전개된 의병항쟁을 국제사회의 변화에 어두운 시대착오적 운동으로 보고, 결국에는 자강력을 파괴하는 결과가 될 것이라고 비판하였다.

심산 김창숙은 국권회복운동이 의병항쟁과 구국계몽운동 두 진영으로 나뉘었을 때, 구국계몽운동을 선택하였다. 이전부터 한주학파의 심학의 영향을 받은 유학자들은 의병항쟁에 소극적이었고, 국제사회에 대해 개방적 태도를 취했다. 게다가 심산 김창숙은 1894년 갑오경장과 동학농민항쟁을 통해 전통적인 사회의 혁신을 통해 국가적 위기를 극복할 수 있었다고 보았다. 따라서 그에게는 보수적 유학자 중심의 의병항쟁보다는 개화 지식인을 중심으로 전개되었던 구국계몽운동이 현실적 대안으로 다가왔다.

1905년 이후 심산이 두 번째로 전개한 구국운동은 국채보상운동이었다. 일본은 한국에 대한 보호국 지배체제를 강화하기 위해 여러 차례에 걸쳐 차관을 제공하였다. 1906년에 이르자 한국이 일본으로부터 들여온 차관은 1천

3백만 원에 달하게 되었다. 이러한 일본의 차관 공여는 한국의 일본에 대한 경제적 예속을 강화하여 일제의 통감부 지배체제를 강화하려는 것이었다. 이에 개화지식인과 토착자본가들은 일본의 차관을 상환하여 한국의 경제적 독립을 추구하기 위한 국채보상운동을 추진하였다.

1907년 2월 중순 대구의 한 출판사인 광문사 사장 김광제金光濟와 부사장 서상돈徐相敦은《대한매일신보》에 기고하여 "국채 1천 3백만 원을 갚지 못하면 나라가 망할 것이니 2천만 인민들이 3개월 동안 단연斷煙하여 국채를 갚아 국가의 위기를 구하자."고 제안하였다. 그리고는 단연회를 결성하고 직접 모금운동을 전개하였다. 이 운동이 언론을 통해 널리 알려지자 서울에서 국채보상기성회가 조직되는 등 전국에서 국채보상을 위한 모금운동이 활발하게 전개되었다.

1907년 3월이 되자 국채보상운동은 심산이 살고 있는 성주 지방에서도 전개되었다. 성주 지방 국채보상운동 역시 심산의 스승 이승희가 중심이 되어 추진되었다. 그는 국채를 갚기 위해 국채의무회를 조직하자는 〈통유국채의무회인민문〉이라는 제목의 통문을 만들어 성주 지방은 물론 경남 전역에 돌렸다. 그는 자신의 회갑연을 치르지 않기로 하고 대신 그 비용을 국채보상금으로 출연하였으며, 집안의 부녀자들이 갖고 있던 은반지도 출연하도록 하여 국채보상운동에 솔선수범하였다. 그는 성주 지역에서 국채보상의무회를 조직하는 한편, 경남 도 단위에서도 국채보상의무회 조직을 추진하였다. 이에 그는 경남 지역 국채보상의무회 회장으로 추대되었다. 심산 역시 스승 이승희와 함께 성주 지역의 국채보상운동을 이끌었다.

그런데 이승희가 국채보상운동을 이끌고 있을 때인, 1907년 5월 헤이그 만국평화회의 개최 소식이 전해졌다. 그런데 만국평화회의 개최 측에서 대한제국에 서한을 보냈는데, 이토 히로부미 통감이 참여를 방해했다. 이러한 사실을 알게 된 이승희는 만국평화회의와 세계 각국 정부에 일본의 침략을 규탄하고 한국의 독립을 요청하는 서한을 보냈다. 그는 일본이 한국에 대해 저지른 불법적 만행을 구체적으로 지적하면서 만국공법에 따라 일본의 잘못을 바로잡고 한국을 독립시켜 줄 것을 호소하였다. 그는 만국공법에 규정된 타국의 내정 불간섭, 국가 주권자의 불인정 조약 무효, 강제 늑약 무효라는 조항 3가지를 거론하면서 강제적으로 한국의 국권을 빼앗은 모든 조약의 무효를 주장하였다. 그는 만국평화회의에 보낸 우편이 도착하지 않을 경우를 대비하여 미국 유학생으로 하여금 대신 전달해 줄 것을 부탁할 만큼 만국평화회의를 이용한 독립 외교활동을 중시했다.

그러나 이승희의 서한 외교활동은 소기의 성과를 거두지 못했다. 게다가 1907년 7월 고종 황제가 헤이그에 밀사를 파견한 것을 계기로 일본에 의해 강제로 퇴위되는 사건이 발생하였다. 이어 8월에는 대한제국 군대가 강제로 해산되는 지경에까지 이르게 되었다. 이에 항일 운동이 거세게 일어났으나, 일제는 이를 무력으로 진압하고 탄압을 강화하였다. 일제의 탄압으로 국내 활동에 한계를 느낀 이승희는 1908년 4월 러시아 블라디보스토크로 망명하였다. 그는 망명지에서 유교의 인의仁義의 가르침을 실천하는 세계평화기구 설치를 구상하였다. 그는 '만국대동의원'이라는 일종의 세계의회를 구성하고 이를 통해 한국의 독립문제를 해결하고자 하였다. 그의 러시아 망명은 한국 독립을 위한 외교전략의 일환이기도 하였다. 그는 1880년 《조선책략》에서 조선은 러시아의 남하를 방지하기 위해 중국, 일본, 미국과 연합해야 한다는 황준헌黃遵憲의 주장을 반박하면서 오히려 조선은 일본의 침략을 막기 위해 중국 및 러시아와 연대해야 한다고 주장하였다. 그의 이러한 예측은 1904년 러일전쟁, 1905년 일본의 주권 강탈 등으로 정확하게 부합하게 되었다. 따라서 그는 한국의 독립 외교의 첫 번째 활동 지역으로 러시아의 블라디보스토크를 선정하였던 것이다.

심산 김창숙은 스승 이승희의 망명 계획을 알고 있었다. 그리고 유교적 인의 도덕에 기초하여 한국의 독립문제를 해결하고 국제사회의 평화를 실현하기 위한 대의에도 공감하였다. 더구나 늘 스승을 따라 구국운동에 동참했던 그는 존경하는 스승을 모시고 일본의 압제가 없는 곳에서 독립운동을 전개하겠다는 의지도 강하였다. 그래서 그는 스승 이승희를 따라 러시아로 가고 싶어 했다. 그러나 그에게는 봉양해야 할 노모가 살아계셨다. 유학자로서 인간으로서 가장 기본적으로 지켜야 할 효도의 의무를 소홀히 할 수 없었기에 스승을 따라 러시아로 망명하지 못했다.

그러나 더욱 중요한 일은 이승희가 국외로 망명할 경우, 그가 이끌었던 성주 지역의 국채보상운동을 대신할 사람이 있어야 한다는 문제였다. 심산 김창숙은 스승이 지도하던 성주 지역의 국채보상운동을 이끌었다. 이에 심산은 성주 지역의 단연동맹회에서 모금한 성금을 관리하는 책임을 맡았다. 전국의 단연동맹회에서 모금한 금액은 국채를 상환하기에는 많이 부족하였다. 이에 국채보상을 위해 거두어들인 성금을 부호들에게 나누어 맡기어 이자를 받아 늘여가기로 하였다. 심산은 성주군에서 모금한 성금을 별도로 관리하고 있었다.

1910년 4월 단연동맹회에서 모금한 돈을 어떻게 처리할 것인지를 논의하는 국채보상금처리회 전국대표자대회가 서울에서 개최되었다. 이 대회에 심산은 성주군 대표로 참여하였다. 전국에서 300여 명이 참여한 대회에서 국채보상금 처리를 둘러싸고 다양한 의견이 개진되어 서로 충돌하면서 합의가 도출되지 못하였다. 특히 일진회 대표 김상범金相範은 기금을 중앙에서 모아 각 정당의 감독 아래 처리하자고 제안하였다. 심산은 일진회 대표가 국채보상금을 중앙에서 일괄 처리하자고 제안한 데 대해 격렬하게 반대하였다. 이보다 앞선 1909년 말부터 일진회는 '한일합방' 청원운동을 전개하였다. 이에 일진회를 성토하는 국민적 여론이 비등하고 있던 터였다. 그런데 그러한 일진회가 국채보상금을 중앙에서 일괄 처리할 수 있도록 제안하자, 심산이 다음과 같이 질타하였다.

"이 돈을 전부 중앙에 모아두고 정당이 관리하는 것도 벌써 위험한데 더구나 일진회 매국 역당에게 맡겨서 되겠는가? 국채를 상환하지 못할 바에는 차라리 교육기관에 투자해서 인재를 양성하는 것이 옳다. 나는 귀향하는 길로 우리 군에서 모금한 전액을 사립학교의 기금에 충당시키겠다."

당시 일진회는 대한협회, 서북학회 등과 연합을 추진하면서 합방 청원운동을 주도하였다. 이들 세 단체는 당시 중앙의 유력한 정치세력이었다. 따라서 이들에게 국채보상금 처리를 맡긴다는 것은 곧 국채보상금이 국권 회복이 아니라 '한일합방' 추진 자금이 될 수 있다는 우려는 당연한 일이었다. 따라서 심산은 성주군에서는 일진회의 주장을 성토할 뿐만 아니라 국채보상금처리회를 탈퇴한다고 선언했던 것이다.

심산 김창숙은 국채보상금철회 탈퇴성명서를 제출하고 고향으로 돌아왔다. 그는 김원희金元熙, 도갑모都甲模, 이항주李恒柱, 이진석李晉錫, 배동옥裵東玉 등과 성주군 국채보상금 처리 문제에 대해 협의하였다. 이 자리에서 그는 서울에서 개최된 전국 대표자대회에서 일진회 측의 음모에 반대하여 처리회 탈퇴를 성명하고 사립학교 설립을 선언하였음을 밝혔다. 이에 대한 참여자들의 의견을 묻자 모두가 찬성하여 국채보상금으로 사립학교를 설립하여 운영하기로 합의하였다.

이어서 심산은 자신의 계획을 좀 더 소상하게 밝혔다.

"성주군에서 모금한 국채보상금은 10여만 원에 불과하다. 이 돈을 기금으로 삼아 이자를 받아서 학교 경상비로 충당하는 것이 좋겠다. 또 학교 건물을 새로 지으려면 비용이 많이 들 것이니 성주군에 있는 서원 건물을 학교로 사용하면 좋겠는데, 어떻게 생각하는가?"

심산의 제안에 모두가 찬성하였다. 성주군에는 청천서원晴川書院과 회연서원檜淵書院이 있었다. 대가면에 위치한 청천서원은 1729년 동강 김우옹을 봉향하기 위해 창건된 서원이고, 수륜면에 있는 회연서원은 1622년 한강 정구鄭逑와 이윤우李潤雨를 봉향하기 위해 창설된 서원이었다. 1868년 대원군의 서원철폐 정책으로 모두 훼파되었지만, 청천서원은 심산의 부친 김호림이 종택의 사랑채를 고쳐 청천서당을 중건하면서 명맥을 유지하고 있었고, 회연서원도 건물의 형태를 유지하고 있었다. 그런데 심산 자신이 관리하는 청천서원은 지대가 낮고 비좁았다. 그에 비해 정구의 후손인 정기락鄭基洛이 관리하는 회연서원은 청천서원보다 규모도 크고 널찍해서 회연서원을 학교로 사용하기로 의견을 모았다.

회연서원을 사용하기 위해서는 주인인 정기락의 승낙을 얻어야만 하였다. 이에 김원희와 배동옥 등이 정기락과 여러 차례 교섭했으나 동의를 얻지 못하였다. 할 수 없이 비좁은 청천서원을 이용하기로 하고 목수를 불러 교실을 정비하고 학교를 설립하였다. 학교를 설립하기까지 5개월의 시간이 소요되었다. 1910년 9월 초순 사립 성명학교星明學校 간판을 달고 개교하였는데, '성주를 개명시키는 학교' 혹은 '성주의 개명 학교'라는 뜻이었다.

성명학교(성주군 대가면 칠봉리)

심산은 청천서원을 개조하여 성명학교를 열면서 향중과 도내의 유림에게 알리지 않았다. 만약 알리게 되면 보수 유림의 반대에 직면하여 학교설립 자체가 무산될 것을 우려했기 때문이었다. 뒤늦게 청천서원이 신교육을 하는 성명학교로 바뀌게 된 것을 알게 된 유림은 한결같이 "김창숙이 나와서 청천서원이 망한다."고 공격하였다. 그는 이를 달게 받아들였다. 그럼에도 그는 사립학교 설립을 통해 교육구국운동을 함께 전개하던 인사들에게 다음과 같이 말하였다.

"걱정할 것이 없다. 내가 어찌 우리 조상을 잊고 유림을 저버릴 사람인가! 유림의 뜻만 순종하느라 사방에서 배우러 오는 학생들을 거절하기보다는 신진 영재를 양성해서 새 시대에 통하는 선비가 나오기를 기대하는 것이 옳지 않겠는가!"

보수 유림의 비난에 대해 그는 성명학교 설립이 조상과 유림에 대한 의리를 저버리는 것이 아니라 오히려 시대를 이끌어가는 젊은 선비를 양성함으로써 조상과 유림에 대한 의리를 실천하는 것임을 강조하였다. 말하자면 그의 신식학교 설립운동은 유교의 의리를 저버리는 방식이 아

니라 새로운 시대상황에 맞게 의리를 지키는 방식이라고
보수 유림에 대응하였던 것이다. 그는 신교육운동을 전개
하면서도 유학자가 추구하는 가치와 의리를 지킨다고 생
각했다. 따라서 그가 유교 교육의 요람이었던 청천서원을
신교육의 요람인 성명학교로 바꾼다고 해서 선비의 자세
를 잃은 것이 아니었다.

대한협회 성주지회 결성

심산 김창숙이 자신의 주도 아래 자신의 구상대로 성
주에서 추진한 구국운동은 대한협회 성주지회의 결성이
었다. 1905년 이후 세 번째의 구국을 위한 사회적 실천인
대한협회 성주지회 활동은 이전의 두 운동과는 달리 스승
이승희가 국외로 망명하여 성주에 없는 상황에서 전개되
었다. 이전의 두 운동은 모두 스승 이승희가 주도한 운동
에 참여하는 방식이었으나 이번에는 그가 성주 지역 유림
의 지도자인 이승희가 떠난 자리를 대신하여 지역사회의
지도자로 부각되어 활동하게 된 것이다.

1906년 4월 설립된 대한자강회는 교육과 실업의 진흥

을 통해 부국강병을 달성하고 나아가 독립국가의 토대를 다진다는 구국계몽운동을 선도하였다. 그러나 대한자강회는 1907년 8월 통감부에 의해 강제 해산을 당하였다. 이에 대해 장지연, 윤효정尹孝定 등은 대한자강회의 후신으로 1907년 11월 대한협회를 조직하여 구국계몽운동을 이끌어 가고자 하였다. 이후 대한협회는 5,000여 명의 회원을 확보하고 전국에 37개의 지회를 조직하고 《대한협회회보》를 발간하는 등 당시 전국적 영향력을 가진 유력한 사회단체가 되었다.

대한협회는 교육 보급, 산업 개발, 생명과 재산의 보호, 행정제도 개선 등의 강령을 내걸고 국민적 단체의 결성과 활동을 통해 국민 주권주의를 확산하는 중요한 역할을 담당하였다. 이를 통해 국가는 국민적 결합체이며, 국민 개개인의 의사와 활동에 따라 국가의 운명이 달려 있다는 인식이 형성되었다. 일제의 통감부 체제 안에서 제한적이나마 정치적 활동이 기대되는 사회단체로 인식되었다. 따라서 당초에는 국권회복운동 단체로 출범했지만, 일본인 정객의 자문을 받고 친일적인 정치세력에 의해 이용되기도 하는 등 대한협회 본부의 성향은 일정하지 않았다. 그럼에도 불구하고 대한협회의 전국적 조직망과 《대한협회

회보》의 발간 등은 전국 각지에 구국계몽운동을 확산하는데 크게 기여하였다.

대한협회 지방지회는 각 지역의 인사들이 자발적으로 지회를 조직하고 이를 중앙 본부에 신고하고 승인을 받는 형태로 진행되었다. 그리고 본부에서는 지방에서의 세 확산 자체에 주력했기 때문에 본부의 취지에 찬성만 한다면 특별한 심사 절차를 거침이 없이 지회 설치를 승인하였다. 그 결과 본부와 지회 사이에 시국에 대한 대응 면에서 차이와 갈등이 벌어지기도 했었고, 지회들 사이의 활동 내용과 성격에 차이가 나타났다. 특히 1909년 이후 대한협회 본부가 일진회, 서북학회 등과 삼파 연합운동을 추진하는 등 일제의 침략에 대한 대응에 미온적 태도를 보이자 지방의 지회에서는 이를 비판하기도 하였다. 또한 본부에서는 의병항쟁을 비판하고 거리를 둔 것과 달리, 함경도의 경성지회 같은 경우에는 의병항쟁과 긴밀한 연계 속에서 추진되었으며, 안동지회에서는 본부의 미온적 태도를 비판하면서 단련제 실시 등을 통해 무장항쟁을 준비하는 계획을 추진하기도 하였다. 이러한 현상이 나타난 것은, 대한협회 지회 결성이 지방의 유력 인사들이 다른 지역과 경쟁하면서 전국적 중앙 정치 무대에서 자기 지역

의 정치사회적 발언권을 확보하기 위한 목적을 가진 것이
기도 하였기 때문이다.

따라서 대한협회 성주지회 역시 심산 김창숙을 비롯한
성주 지역 유력 인사들의 자발적인 모임 형식으로 조직
되어 중앙은 물론 다른 지역의 지회와도 다른 독특한 특
징을 지니게 되었다. 심산은 서울에서 조직된 대한협회
를 "국민에게 독립사상을 고취하고 정부의 매국정책을 통
렬하게 배척하는" 구국운동 단체로 파악했다. 그래서 그
는 서울에서 구국운동이 일어나고 있는데, 지방에서 가만
히 앉아 있다가는 나라가 멸망할 것이라는 위기의식을 느
끼면서 대한협회 성주지회 결성이 긴급한 과제라고 보았
다. 이에 그는 이덕후李德厚, 박의동朴儀東, 김원희, 이진
석, 도갑모都甲模, 이항주, 최우동崔雨東, 배상락裵相洛 등
과 협의한 결과 향사당에 대한협회 성주지회를 설치하기
로 하였다.

향사당은 조선시대에 고을의 어른들이 모여 활을 쏘면
서 유교적 예교 문화를 실천하던 장소였으며, 고을의 풍
속과 교화를 담당하던 향임들이 상시 근무하던 관청이기
도 하였다. 고을의 유림을 대표하는 인사들이 지방 행정
에 참여했던 일종의 향촌자치 조직이었다. 따라서 대한협

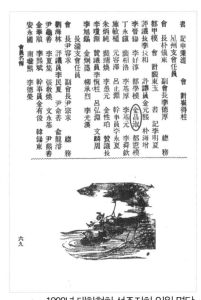

《대한협회회보》 제9호 (1908. 12. 25)

1908년 대한협회 성주지회 임원 명단
(《대한협회회보》 제9호)

회 성주지회가 향사당에 설치되었다는 것은 조선시대 이래의 향촌자치 조직을 계승 발전시켰음을 뜻하는 것이었다. 동시에 향촌사회에서 유교적 예교 문화보다 국망의 위기 상황에서 국권 회복을 위해 성주 군민들을 단합시킨 조직으로서의 성격을 중시하게 된 것이었다. 말하자면 향촌자치조직의 혁신을 통한 구국운동으로서의 성격을 띠는 것이었다.

대한협회 성주지회는 1908년 11월 발기회를 개최하고 12월 창립총회를 개최하였다. 총회에서 회장과 부회장은 박의동朴儀東과 이덕후李德厚가 맡았는데, 김창숙은 평의원으로 선임되었다. 후에 김창숙은 총무가 되어 성주지회를 실질적으로 이끌어갔다. 이때 그의 나이는 만 29세였다. 그는 젊은 나이임에도 불구하고 성주군의 유력 인사들로 구성된 대한협회 성주지회의 총무로 추천되었다. 이것은 그가 동강 김우옹의 종손이며 이승희의 제자로서 당시의 시대적 과제인 구국문제 해결의 중요성을 평소에 앞장서서 역설해 왔기 때문이었을 것이다. 그는 총무로 선출되자 회원들에게 다음과 같이 말하였다.

"우리들이 이 모임을 만든 것은 장차 조국을 구하고자 함입니다. 조국을 구하고자 할진댄 마땅히 구습의 혁파부터 시작해야 하며, 구습을 혁파하고자 할진댄 마땅히 계급 타파로부터 시작해야 하며, 계급을 타파하고자 할진댄 마땅히 우리의 이 모임으로 시작해야 할 것입니다."

심산 김창숙은 구국을 위해서는 구습 혁파가 필요하며 구습 혁파는 양반과 상놈의 계급 타파부터 시작해야 한다고 역설하였다. 그는 대한협회 성주지회를 구습을 타파하

는 혁신운동의 본부, 나아가 계급 타파 혹은 신분 해방운
동의 중심지로 만들겠다고 선언한 것이다. 이에 대해 일
부는 박수치며 환호를 보낸 반면, 일부는 화를 내면서 큰
소리로 욕을 퍼부었다. 유교적 명분 질서를 통해 향촌사
회의 신분질서를 강화하는 데 앞장섰던 향사당이 이제 대
한협회 성주지회로 바뀌면서 향촌사회의 신분제도를 해체
하고 향촌의 주민들을 평등한 국민적 결합체로 바뀌는 순
간이었다.

1894년 동학농민항쟁 이후 심산은 부친의 선견지명에
따라 신분 차별의 시대가 지나고 평등한 세상이 도래할
것을 예상하고 사회 혁신 운동을 꿈꾸었지만, 나이가 어
리고 학식이 부족해서 감히 행동으로 옮기지 못하고 있었
다. 그런데 바로 대한협회 성주지회 총무로 선출되면서
평소 가슴 속에 품고 있었던 사회 혁신의 청사진을 회원
들 앞에서 펼쳤던 것이다. 그와 함께 일을 추진했던 인사
들은 환호하고 고무되었지만, 보수적 유생들은 극도의 위
기감을 느끼고 분노와 욕설로 대응하였다. 자신을 비난하
는 사람들에게 심산은 다음과 같이 일갈했다.

"일본 순경이 방금 칼을 뽑아들고 문간에 당도했다. 이

놈이 도적인데 자네는 오히려 굽실굽실하며 맞아들이고 도리어 나를 꾸짖는 격이로군. 자네는 어찌 저자들에게는 겁을 내고 나에게는 용감하단 말인가. 자네는 나를 꾸짖는 그 용기를 도적 몰아내는 데로 전환시킬 수 없단 말인가!"

심산은 구국을 위한 사회적 실천운동의 첫발을 공개적으로 내딛는 순간 보수적 유생들로부터 비난을 받게 되자 그들에 대한 분노를 참지 못하고 그대로 표출하였다. 그는 일본의 침략에 분개하고 매국적과 침략자에 대한 처단을 요구하면서 스승 이승희를 모시고 상소투쟁을 벌이기도 했으며, 향리의 인사들에게 구국을 위한 실천을 권유한 끝에 대한협회 성주지회를 조직하게 된 것이다. 그런데 평소 일본의 침략과 만행에 대해 침묵하던 보수 유생이 자신의 구국운동에 대해서는 분노하고 욕설을 하게 되자 그들의 비겁함과 애국심 부재를 비난했던 것이다.

이러한 사례를 통해 우리는 심산 김창숙이 대한협회 성주지회를 조직하게 된 주요한 목적이 항일 구국운동이었으며, 구국운동의 중심은 계급 타파로 시작되는 사회혁신운동이었음을 확인할 수 있다. 대한협회 성주지회의 사회혁신운동은 국권회복운동이라는 측면에서는 다른 구국계몽운동과 궤를 같이한다. 그러나 구국운동의 첫걸음으로 구습 타파와 계급 타파를 내세운 것은 다른 지회와 구별되는 특징적인 것이었다. 당시 개화 지식인이나 혁신 유림들이 구국계몽운동 단체를 결성하는 목적은 교육과 실업의 진흥을 통한 자강력 양성에 두고 있었다. 그런데 김창숙은 구습 타파와 계급 타파를 주장하면서 구세력, 즉 보수적 양반층의 향촌사회 지배권의 타파를 주장했던 것이다. 보수적 양반층의 설득과 회유를 통한 참여 유도보다도 그들의 지배력과 통제력에 대한 거부를 선언한 것이다. 그래서 그는 후일 이때부터 보수적 유생들과 사이가 나빠지게 되었다고 했다.

대한협회 성주지회에서는 성주의 유력한 사족가문은 물론 향리 출신의 가문도 참여하였다. 또한 계급 타파라는 구호에서 알 수 있듯이 일반 평민에게도 개방되어 있는 조직이었다. 그런데 대한협회 성주지회는 향사당에 설치되었다. 기존의 향약을 통한 사족 중심의 향촌사회에서 향사례가 행해지던 곳에 대한협회가 설치된 것이다. 과거 사족 중심의 향약을 대체하는 새로운 조직으로서의 성격을 띠고 있었던 셈이다. 종래 성주 지역의 향촌사회는 1891년 이승희가 제정한 성주향약에 의해 사족 중심으로 운영되고 있었다. 성주향약은 신학문에 부정적이었으며,

지방자치를 위한 민회에 부정적이었다. 그런데 이승희가 1908년 국외로 망명한 이후 성주 지역의 향촌사회는 김창숙을 중심으로 한 혁신 유림들이 이끌어갔다. 그리고 향촌사회를 이끌어가기 위한 새로운 조직으로 대한협회 성주지회가 만들어진 것이다.

1909년 2월 경북 고령 출신으로 곽종석의 제자였던 이인재李寅梓는 성주지회의 지도자 김창숙, 김원희金元熙, 이진석에게 보낸 편지에서 '민회와 협회는 실질 상통'한다고 하여 대한협회가 민회와 같은 지방자치 조직으로서의 역할을 수행해야 한다는 점을 강조하였다. 대한협회 성주지회는 과거 사족 중심의 향약이 민회에 부정적이었던 데 비해 지역민 전체를 대표하는 민회로서의 성격을 띠게 되었다.

김창숙이 1894년 동학농민전쟁을 계기로 부친으로부터 배워 내면화되었던 신분평등을 전제로 한 사회개혁 구상이 1908년 대한협회 성주지회 결성을 통해 세상에 구체적인 모습을 드러내게 되었다. 이것은 그가 스승 이승희의 사상적 영향권에서 벗어나 사회개혁의 지도자로서 자립적 위치를 확보하게 되었음을 뜻한다. 이승희는 1908년 이후에도 신분제적 관념과 중화주의적 사고를 견지했고, 서구

문물의 수용을 배척했다. 비록 만국공법에 의거하여 침략자 일본에 대한 처벌을 주장하였지만, 만국공법을 유교적 강상윤리의 틀 내에서 받아들였다. 이에 비해 김창숙은 일찍부터 신분 평등의식을 가졌다. 그러나 스승 이승희와 함께 구국운동을 전개하면서는 신분 평등사상을 표현하지 않았다. 그런데 이승희가 1908년 러시아로 망명한 후 대한협회 성주지회를 조직했던 그는 구습 타파와 계급 타파를 전면에 내세우는 사회 혁신운동을 주도하며 보수적 유림에 대한 투쟁을 선언했다. 이는 기존의 양반 사족 중심의 향촌사회를 해체하고 향촌 주민이 평등한 존재로 결집하도록 하는 사회개혁운동이었으며, 나아가 지역 단위의 국민적 결합을 통해 국민국가를 건설하기 위한 토대를 다지는 작업이기도 하였다.

일진회 성토운동

심산 김창숙의 네 번째 구국운동은 '한일합방'을 청원한 일진회 성토운동이었다. 1909년 12월 일진회 회원인 송병준宋秉峻과 이용구李用九 등은 통감 이토 히로부미의 사주를 받아 '한일합방'을 대한제국정부와 일본정부에 청원하였다. 이어 한성신문사 사장 최정규崔晶奎와 이원달李源達 등은 신문 등을 통해 '한일합방' 여론을 확산하였다. 이렇게 스스로 국권을 부정하는 친일파들이 벌이는 '한일합방' 청원운동에 대한 정부의 제재나 사회적 저항은 제대로 전개되지 못하였다. 이에 대해 심산은 정부 당국자들이 비겁하게 아첨하고, 재야인사들이 기백이 없고 나약하기 때문에 친일 매국 역적에 대한 성토를 제안하지 못한다고 여겼다. 그래서 자신이라도 분연히 일어나 역적을 성토해야겠다고 결심하였다.

심산은 친일 역적을 성토하기 위한 통문을 성주군의 유생들에게 돌려 향교에 모이도록 하였다. 70여 명의 성주 유림이 모인 가운데 심산은 다음과 같이 말하였다.

"나라의 존망에 관계된 중대사에는 아무리 벼슬이 없는 선비라도 말할 수 있는 의리가 있다. 이것은 주자의 가르침이다. 우리의 의리상 일진회 역적들과 한 하늘 밑에 살 수 없다. 이놈들을 성토하지 않으면 우리나라에 사람이 있다고 할 수 있겠는가? 우리가 모두 백면서생으로 아무 무기도 갖지 못했으니 놈들의 고기를 씹고 가죽을 벗겨 원수를 갚자 해도 실제 어떻게 해볼 도리가 없는 형세이다. 하물며 요즘 조정에서는 유생들이 상소해서 국사를 말하는 것도 허용하지 않는다. 지금 역적을 성토하는 방법은 오직 중추원에 건의하는 한 길이 있을 뿐인데 여러분의 의견은 어떠한가?"

여기서 심산은 유생이라도 국망에 관련된 일에는 국사에 관여할 수 있다고 하면서 매국 역적의 처단이 의리에 합당한 일임을 말하였다. 그러나 유생들은 무기가 없어서 군사력으로 역적을 직접 처단할 수 없고, 또 상소 제도도 없어져 왕에게 상소도 못하는 상황이었다. 오직 가능한 방법은 중추원에 건의서를 보내는 방법 밖에 없다고 말하였다. 그리고 그는 소매 속에서 중추원에 보내는 〈일진회 성토건의서〉를 꺼내 보이고는 검토를 요청하였다.

중추원에 올리는 건의서에서 심산은 매국 역적이 날뛰고 '합방'을 요구하는 흉서凶書가 돌아다니는 데도 천벌이 내려지지 않으면 군주의 권한은 땅에 떨어지고 5백 년 종사宗社는 적도賊盜의 손에 들어가게 되고 2천만 신민은 대역죄를 저지르게 되는 것이라고 하였다. 그러니 이용구와 송병준 등의 역적들을 처단하여 효수하고 일진회를 즉시 해산하는 조치를 취할 것을 요구하였다. 이 건의서를 본 사람들이 모두 주저하였으나, 김원희, 이진석, 최우동 세

사람이 서명하였다. 이에 건의서 정본을 작성하여 4명의
연서로 하되, 김창숙을 소수疏首로 하였다.

김창숙 등의 일진회 성토문 보도기사(《황성신문》 1910년 1월 6일자)

　심산 김창숙 등은 상경하여 1910년 1월 5일 중추원에
직접 건의서를 올렸다. 이어 각 신문사에도 건의서를 보
냈는데, 건의서 전문이 《황성신문》 등에 게재되었다. 김창
숙 등 성주군 유생 4인이 일진회를 성토하는 건의서를 올
렸다는 소식이 널리 알려지게 되었다. 이에 건의서를 올린
4인은 성주군에 주재하던 일본 헌병분견소에 연행되어 심
문을 받았다.

　일본헌병분견소 소장이 심산 김창숙을 심문하였다. 소
장은 중추원에 건의서를 올린 사실 여부를 확인한 후 왜
성주의 헌병분견소를 거치지 않았느냐 물었다. 이에 심산

은 '우리나라의 역적을 성토하는 데 일본인과 무슨 상관이
있는가?'라고 반문하였다. 이어진 소장과 심산의 문답은
다음과 같았다.

"무슨 이유로 일진회를 역당이라고 지목하는가?"
"일진회의 이용구와 송병준 등은 대한의 백성이다. 대한
의 백성으로 감히 한일합방을 주창하니 역적이 아니고 무
엇인가? 우리들은 역적들과 한 하늘 아래에서 살지 않기로
맹세하였기 때문에 역적을 성토하는 일을 한 것이다."
"한국은 정치가 부패하였고, 경제가 파탄지경이라. 만약
일본 정부가 잘 보호하지 않으면 자립할 수 없다. 이번에
송병준과 이용구 등이 한일합방을 제창한 것은 천하대세
를 꿰뚫어 본 인물의 주장이라 할 것이다."
"일본인이 만약 송병준과 이용구 등을 천하대세를 꿰
뚫어 본 인물로 인정한다면, 나는 일본의 망하는 날이 머
지않다는 것을 걱정한다. 만약 일본의 힘이 떨치지 못하
고 현재 우리나라처럼 되어 부강한 미국 같은 나라가 대
군을 끌고 와서 위협하는 경우, 미국에 빌붙은 어떤 일본
인이 송병준과 이용구처럼 미일합방론을 제창한다면 그
때도 너희들은 그들을 천하대세를 꿰뚫어 본 인물이라고
인정하겠는가? 너희 일본인들은 충성과 반역의 의리를 분
간할 줄도 모르니, 나라를 팔아먹는 역적이 반드시 뒤따

라 생겨날 것이다. 그래서 나는 일본이 망할 날이 머지않다는 것을 걱정하는 것이다."

심산은 '한일합방론'이 시대의 대세를 잘 파악한 것이라는 일본 헌병분견소장의 주장을 충성과 반역이라는 국가 도덕의 관점에서 반박하였다. 일본인의 관점에서 '미일합방론'이 나라를 팔아먹는 역적 행위인 것과 마찬가지로 '한일합방론'은 한국인의 관점에서 역적행위라는 것이다. 만일 이러한 국가적 도덕을 부정한다면, 그러한 나라는 일본이라도 곧 망하고 말 것이라고 경고한 것이다.

이어서 일본 헌병은 한국 황제가 만약 합방을 허용하면 어떻게 하겠느냐고 물었다. 이 물음에 대해 심산은 다음과 같이 답하였다.

"우리 황제께서는 결코 매국노의 말을 들어 허용하지 않을 것이다. 설령 허용하신다 하더라도 그것은 난명亂命이다. 난명이니 나는 따르지 않겠다. … 사직社稷이 임금보다 중한지라. 난명은 따르지 않는 것이 바로 충성하는 일이다."

그는 잘못된 임금의 명령은 따르지 않는 것이 충성이라

고 했다. 그 이유는 임금보다 사직이 중요하기 때문이라는 것이다. 그는 국가에 대한 충성과 왕 개인에 대한 충성을 구별했다. 그리고 설사 왕이 합방의 명령을 내린다고 하더라도 그것은 난명亂命, 즉 도덕과 의리에 어긋나는 명령이기 때문에 따를 필요가 없다고 하였다. 여기에는 이미 '합방'을 무효로 보는 관점이 함축되어 있다.

김창숙 등 4인은 헌병대에서 곧 풀려났으나 이튿날에는 성주군의 경찰주재소에 연행되어 심문을 받았다. 경찰에서는 헌병보다 더 혹독하고 거칠게 심문을 받았다. 이렇게 번갈아 헌병과 경찰을 오가며 건의서를 취소하라는 공갈과 협박을 받았다. 무려 10여 차례나 혹독한 심문을 받으며 건의서를 취소하라는 협박을 받았으나, 김창숙 등 4인은 전혀 굴복하지 않았다. 일본 헌병과 경찰에서 풀려난 후 심산은 항상 밀정의 감시를 받게 되었다.

일진회를 성토하는 건의서가 취소되지 않자 중추원에서는 1월 10일 내각에 건의서를 이첩하였다. 그러나 이완용 내각에서는 처리하지 않고 방치하였다. 이에 대해 심산은 통곡할 일이라고 하였다.

심산 김창숙은 1908년 대한협회 성주지회를 결성하고 구습 타파와 계급 타파 운동을 전개하였다. 모든 사람은 평등하며, 모든 평등한 개인들이 국가의 구성원으로서 국가를 함께 만들어간다는 관념을 지역 차원에서 실천하였다. 구국계몽운동 단체였던 대한협회는 국가를 국민주권주의에 의거한 국민적 결합으로 파악하고 있었다. 따라서 그의 대한협회 성주지회 활동은 크게 민권 신장을 지향하고 있었고, 지역의 민회와 같은 조직으로 지역 주민의 결집된 의사를 국정에 반영하기 위한 활동을 전개하였다. 이 점에서 그의 대한협회 활동은 그가 근대적 국민국가 개념에 접근한 것으로 해석할 수 있다. 그렇지만 위에서 보듯이 그는 여전히 왕조적 관념에 의거하여 국가를 군주와 사직 개념으로 파악하고 있다. 그의 국가관이 근대적 국민국가 관념에 접근하기는 하였지만, 전통적인 군주와 사직 개념을 완전히 탈피하지는 못했다고 볼 수 있다. 그러나 그가 사직의 존망에 관한 군주의 잘못된 명령은 거부해야 한다는 신념은 국민국가 관념으로의 발전 가능성을 보여주는 것이라고 할 수 있다.

제3장

일제 강점기 독립운동

유학 공부를 통한 망국의 실의 극복

심산 김창숙은 1905년 나라가 망할지도 모른다는 위기
의식을 느끼고 실추된 국권을 회복하기 위한 다양한 활동
을 하였다. 그에게 있어 가장 시급한 일은 적국 일본의 위
협에 굴복하거나 일신의 영달을 위해 나라를 파는 역적을
처단하는 일이었다. 이에 그는 '을사오적'을 참수하고, '한
일합방'을 주장한 역적을 효수하라는 상소 혹은 건의서를
대한제국 정부에 올렸다. 그는 유교적 의리에 기초하여
국가의 기강을 바로잡는 것이 구국의 기본으로 생각했던
것이다. 다음으로 그는 국민의 역량을 강화함으로써 자주
독립할 수 있는 힘을 기르고자 하였다. 국채보상운동을
통해 일본으로부터의 경제적 예속 상태를 벗어나고자 하

였으며, 대한협회 성주지회를 결성하여 지역사회에 혁신의 기풍을 조성하고자 하였고, 성명학교 설립을 통해서는 구국의 젊은 인재를 양성하고자 하였다.

그러나 이러한 노력에도 불구하고 1910년 8월 29일 나라가 망하는 경술국치를 당하였다. 상소를 통해 친일 매국노를 처벌해 달라고 요청할 대상도 없어졌다. 성주 지역 주민들을 결속하여 지역의 민의를 수렴하고 대변한 대한협회 성주지회도 해산되었다. 성명학교 설립을 통해 청년자제들을 교육시킴으로써 미래를 대비하는 일만이 할 수 있을 듯하였다. 그런데 이마저도 일본 경찰은 금지시켰다. 일본 경찰은 심산의 집을 수색하여 단연동맹회의 장부를 압수하려 했다. 심산은 성명학교의 운영 기금 장부이기 때문에 일본 경찰이 빼앗을 수 없다고 저항하였다. 그러나 일본 경찰은 본래 국채보상을 위해 모금한 것이므로 국고로 들어가야 마땅하며, 사립학교 비용으로 쓸 수 없다고 하면서 압수하였다. 그러자 심산은 "나라가 없어지지 않았는가? 나라가 없어졌는데 학교라고 남아 있겠는가?"라고 하면서 탄식하면서 성명학교에서도 손을 떼었다.

31세의 시골 선비 심산 김창숙에게 1910년 대한제국의 멸망은 그가 그동안 나라를 위해 헌신했던 노력의 성과를 허무하게 느끼도록 만들었다. 게다가 일본 제국은 대한협회 성주지회의 활동이나 성명학교의 교육을 불가능하게 만들었다.

매천梅泉 황현黃玹과 같이 뜻 있는 선비들은 자정 순국함으로써 선비의 절의 정신을 보여주었으며, 스승 이승희와 안동의 이상룡과 같은 지사들은 국외로 망명하여 항일독립운동에 헌신하였다. 의리 정신이 투철했던 선비들은 나라가 망했는데도 살아 있는 자신의 모습을 부끄러워하였다. 박은식은 국망 이후 자신의 호를 '무치생無恥生'이라 하였다. 맹자는 부끄러워하는 마음은 의리의 시작이라고 했다. 의리 정신이 남달라 불의를 저지른 매국 역적에 대한 참수형을 주장했던 심산 김창숙 또한 망국의 상황에서 살아 있는 자신을 부끄러워하였다. 그는 조선 왕조나 대한제국에 관료로 진출하여 책임 있는 지위에 있었던 적이 없었지만, 시골 유생이라고 하더라도 국가가 위기에 처해 있을 때에는 구국을 위한 실천 활동을 해야 할 책임이 있다고 생각했다. 그러기에 그에게 있어 국망은 견디기 힘든 고통이었다.

심산은 국망 후의 상황을 《자서전》에서 다음과 같이 회고하였다.

"경술년 8월 나라가 망하자 나는 통곡하며 '나라가 망했는데 선비로서 이 세상을 사는 것은 큰 치욕이다.'라고 하면서 매일 술을 마시어 취하지 않고는 그만두지 않고 취하면 문득 울었다."

그는 망국의 슬픔을 통곡과 술로 달래고자 하였다. 그는 망국에 책임이 있는 자들을 비난하고 그들과 의절하였다. 조선총독부에서 지배체제를 강화하기 위해 관료, 노인, 효자, 열녀를 선발하여 은사금을 하사하였다. 심산은 이 은사금을 받고 좋아하는 자들을 만나면 침을 뱉으면서 꾸짖었다. 그리고는 평소에 교류가 있던 양반들과도 상종하지 않았다. 망국의 일차적 책임은 조선의 지배계급이었던 양반에게 있다고 보았기 때문이었다. 그래서 그는 주로 향리층이나 하인들, 그리고 술꾼이나 노름꾼과 어울려 놀기를 좋아했다. 매일 술을 퍼 마시면서 읍내 장터에서 노래를 부르기도 하고, 헝클어진 머리로 전국을 유랑하기도 하였다. 나라를 이끌어가는 지도자라는 유교 선비라는 굴레에서 벗어나고 싶을 만큼 괴로운 시간이었다.

이러한 심산의 모습을 보고 세상 사람들이 모두 "김창숙이 미쳤다."고 하였다. 이런 모습을 본 지인이 안타깝게 여긴 나머지 눈물을 흘리면서, "나라가 망해서 소나 말처럼 얽매어 살게 된 것도 어쩔 수 없는 형편이다. 그러니 자네가 조심해서 자신을 잘 지키면 일본 놈인들 자네를 어찌하겠나."라고 위로하였다. 이 말을 들은 심산은 "나보고 소나 말이 되라는 것인가?"라고 하면서 그 친구의 뺨을 때리고 엉덩이를 걷어찼다. 심산이 광인처럼 생활한 것은 실의와 좌절 속에서도 일본의 식민지라는 잘못된 현실을 받아들일 수 없다는 격렬한 내적 투쟁의 하나였던 것이다.

그는 망국의 슬픔을 이겨내기 위한 내적 투쟁은 현실에 순응하는 양반의식에 대한 강렬한 거부이면서 신분지배체제 안에서 천대받고 고통을 받고 있던 하층민과 교류하고 공감하는 시간이기도 했다. 망국의 선비로서 죽지 못하는 부끄러움을 천민들과 어울리며 잊고자 하였다. 또한 전국을 돌아다니면서 일본의 식민지가 된 조국의 현실을 직시하고 만나는 사람들과 술을 마시며 망국의 책임을 논하면서 자신의 책임을 통감하고 반성하는 시간이었다. 이러한 시간을 보내면서 그는 조선 왕조를 지탱하고 이끌었던 양반사대부로서의 권위주의적 자세를 떨쳐내고자 하였다. 망국은 그로 하여금 양반 중심의 가치 체계에 대한 근본적 의문을 제기하도록 만들었다.

심산이 망국의 슬픔과 원통함을 통곡과 술로 달래면서 미치도록 전국을 방황하였던 자책과 반성의 시간은 3년 이상 지속되었다. 그런데 1913년 여름부터 전국을 유랑하다가 겨울이 되어서야 집으로 돌아왔는데, 어머니가 돌아온 자식을 붙잡고 대성통곡하였다.

"너는 훌륭하신 어른의 종손으로 책임이 중하다. … 네가 경술년 이후로 … 하는 짓이 남을 욕하고 때리기만 일삼는 난봉꾼이나 악소배와 다름이 없구나. 남들이 다 너를 미치광이라 하는데, 이 어미가 보아도 네가 정말 미쳤는가 싶기도 하다. 네가 들어 선세의 유업을 더할 수 없이 떨어뜨렸으니 네 어찌 문정공의 사당에 서겠느냐? … 너는 나이가 아직 젊다. 학술을 닦으면서 서서히 우리나라의 광복을 도모하되 기회를 보아 움직이는 것이 너의 나아갈 길이다."

심산의 어머니는 아들이 동강 김우옹의 종손임을 상기시키면서 그동안의 행실이 가문의 명예를 더럽혔다고 질책하였다. 그러면서 개과천선하여 유교의 가르침을 따르면서도 즐거움을 구할 수 있고, 따라서 학문을 연마하면서 후일의 독립을 도모할 수 있다는 희망과 방향을 아들에게 제시하여 주었다.

어머니의 말씀을 다 듣고 난 뒤 심산은 어머니와 얼싸안고 통곡하였다. 그리고는 어머니 앞에 무릎을 꿇고 벌받기를 청하면서 다시는 그러지 않겠다고 맹세하였다. 통곡 소리를 듣고 일가친척들이 달려왔다. 어머니는 일가친척들을 향하여 자기 자식이 새사람이 되기로 맹세하였으니 집안의 어른들이 채찍질을 하여 착한 사람이 되도록 해 줄 것을 부탁하였다. 이러한 어머니의 가르침을 받고 심산은 "이 세상에 어머니처럼 거룩한 분은 없을 것이다." 라고 생각하면서 어머니의 말씀을 따르는 생활을 하였다.

어머니는 심산이 정신적 방황을 하게 된 이유가 글을 읽지 않은 데 있다고 보았다. 그래서 자식에게 성현의 글을 읽고 의리를 배우며 경세의 도를 닦으면 훗날 쓸 때가 있을 것이라고 하면서 유학 공부를 권유했다.

어머니의 가르침에 따라 심산은 여러 해를 계속하여 유교 경전과 제자백가서를 읽으면서 정치의 다스림과 혼란함, 옳고 그름에 대한 분별 능력을 키웠다. 그리고 스스로 깨달은 바가 있으면 촛불을 켜고 바로 적어 두었다. 오랜 시간의 독서와 탐구 끝에 그는 '인욕을 막고 천리를 보존하는 것'이 학문의 요체임을 깨달았다고 했다. 《대학》에서 말하는 '격물치지, 성의정심, 수신제가, 치국평천하'가 모두 여기서 벗어나지 않는다는 것을 믿게 되었다고 했다. 이렇게 심산이 집에 칩거하면서 전통적인 유학 공부에 전념한 기간은 4, 5년이 되었다. 그의 평생에 걸친 학문의 득력은 이때에 이루어졌다고 했다.

심산이 떳떳한 인간으로 다시 일어나게 된 것은 어머니의 훈계 덕분이었다. 어머니는 아들이 동강의 13대 종손임을 일깨우고 개과천선하여 학술을 닦아 나라의 광복을 도모하는 것이 나아갈 길이라고 하였다. 조상에 대한 효의 관념과 국가에 대한 충성이 결합된 유교적 가르침이었다. 충효라는 유교적 가치는 그를 다시 각성시켰다. 그는 망국에 따른 정신적 위기를 유학에 대한 본격적인 탐구를 통해 극복했다. 그 결과 학문의 진수와 요체가 무엇인지를 독학으로 깨닫게 되었다. 망국은 그가 진정한 유학자로 자립하는 계기로 작용되었다. 망국으로 인한 자신의 부정이 새로운 자신으로 태어나는 계기가 되었던 것이다. 이제 그에게 유학은 양반 중심의 지배체제를 유지하기 위한 학문이 아니었다. 천민과 다름없었던 자신을 독립된 인격체로 만드는 학문이었으며, 무너진 가문을 다시 일으키고, 망한 나라를 다시 세우며, 세계평화를 이룩할 수 있는 구세의 학문이 되었다.

유림단의 파리장서운동 주도

심산 김창숙이 유교 경전을 비롯한 고전 탐구를 통해 한국의 독립과 세계의 평화 실현을 위한 핵심적 원리를 찾아가고 있을 때, 국제정세에 커다란 변화가 찾아오고 있었다. 1914년에 발발한 제1차 세계대전이 1918년에 종결되면서 전후 평화체제 수립을 위한 국제사회의 논의가 전개되기 시작한 것이다. 연합국 측에서는 1919년 초 파리에서 강화회의를 개최하여 전후의 국제질서 수립 방안에 대해 논의하기로 하였다. 이보다 앞선 1918년 1월 미국의 윌슨 대통령은 전후 처리의 원칙으로서 민족자결주의를 제시하였다. 또한 러시아에서는 1917년 혁명이 일어나 황제체제가 무너지고 공산주의를 표방한 소련이 탄생하였다. 소련의 지도자 레닌은 약소민족과 피압박민족의 해방운동에 대한 지원을 선언하였다.

패권 쟁탈전을 벌이면서 세계 곳곳에서 식민지 확보를 위해 대립했던 제국주의 열강들이 1918년을 전후하여 전쟁이 끝난 이후의 평화체제를 구축하기 위한 국제회의 개최를 확정하였다. 그리고 패전국의 식민지였던 민족과 국가들이 독립하는 사례도 나타났다. 해외 독립운동가들과 국내의 지도자들은 파리강화회의에 한국 대표를 파견하여 한국의 독립을 국제사회에서 인정받고자 하였다. 이를 위해서는 국제사회의 여론을 환기하여 한국인들이 일본 식민지로부터 독립하려는 단합된 의지를 나타내기 위한 거사가 필요하다고 생각하였다. 이에 1919년 2월 8일 도쿄 유학생들의 독립선언이 이루어졌고, 3월 1일 국내에서 천도교, 기독교, 불교계 지도자들의 독립선언이 있게 되었다. 민족대표에 의한 3.1독립선언은 곧 전 민족의 구성원이 참여하는 전국적인 만세 시위운동으로 발전하였다.

3.1운동이 발발하자 심산 김창숙은 유림을 결집하여 유림단의 독립청원서를 파리강화회의에 보내는 '파리장서'운동을 주도하게 되었다. 심산이 파리장서운동을 전개하는 과정을 그의 자서전을 중심으로 정리하면 다음과 같다.

1919년 2월 심산은 서울에 있던 벽서碧棲 성태영成泰英으로부터 광무 황제의 인산일인 3월 2일 국내 인사들이 거사를 준비 중이니 빨리 상경하라는 편지를 받았다. 그러나 마침 모친이 병환 중이어서 바로 상경을 하지 못하고 2

월 28일에야 상경하여 성태영을 만났다. 3월 1일을 거사일로 정하고 독립선언서도 인쇄가 끝난 상태였기 때문에, 심산은 서명에 참여하지 못하였다. 3월 1일의 독립선언서를 보니, 천도교, 불교, 기독교계 대표들 33명이 민족대표가 되어 있고, 유교 대표가 없는 것을 알게 되었다. 심산은 생각하기를, 유교가 망하자 나라가 망한 것인데, 천도교, 기독교, 불교의 삼교가 광복운동을 이끔에도 유교가 참여하지 못한 것은 세상으로부터 질타를 당할 것이니 부끄럽기 짝이 없다고 하였다.

3월 2일 심산은 성주 출신의 해사海史 김정호金丁鎬와 만나 유교의 수치를 씻을 방책에 대해 논의하였다. 그는 수십만 명의 유림이 서울에 모여 있으니 이들을 단결시켜, 유림단 명의로 파리평화회의에 대표를 파견하여 국제여론을 환기하고 독립을 인정받는 방법을 제안하였다. 이에 김정호가 동의하자, 유림의 종장宗匠으로 명망이 높은 거창의 곽종석을 대표로 모시기로 하되, 영남 지역부터 참여자를 모집하기로 하였다. 함께 거사를 도모할 인사로 서울에 체재 중인 안동 출신 기암起岩 이중업李中業과 상주 출신 이강二江 류만식柳萬植과 의논하니 이중업은 즉각 동의하였지만, 류만식은 참여를 거절하였다.

같은 날 저녁 거창 출신으로 곽종석의 조카인 곽윤郭奫과 산청 출신의 중재重齋 김황金榥을 만나 경위를 설명하고 거창으로 내려 보내 곽종석에게 사실을 보고하고 파리강화회의에 보낼 글을 부탁하도록 하였다.

3월 3일 심산은 성태영 집에서 이중업, 김정호, 류준근柳濬根, 백은白隱 유진태兪鎭泰 등과 함께 전국의 유림에게 연락할 계획을 세웠다. 이중업은 강원과 충북을, 김정호는 충남과 충북을, 성태영은 경기와 황해를, 류준근은 전남과 전북을, 윤중수尹中洙는 함남과 함북을, 유진태는 평남과 평북을, 그리고 자신은 경남과 경북을 담당하기로 하였다. 이튿날 각기 담당 지역으로 출발하고 3월 15일 쯤 서울에서 다시 모이기로 약속하였다.

3월 4일 심산은 경북으로 가서 순흥의 족숙族叔 김교림金敎林, 석탄의 김동진金東鎭, 안동 바래미의 족형族兄 김창근金昌根, 김창순金昌洵, 족숙 김한식金漢植, 김뇌식金賚植, 족질族姪 김홍기金鴻基 등에게 경상 좌도의 유림과 연락할 책임을 맡겼다. 3월 5일에는 안동 닭실 권상원權尙元 등과 만나 협의하니, '경상 좌도의 일은 자신들에게 맡기고, 위험하니 조심하라.'는 당부를 받았다. 이에 3월 6일 안동을 떠나 왜관에서 이윤李潤을 만나 연락을 당부하고 성주의 한개(大浦)로 가서 이기원李基元을 만나 자신은 유림단 대표로 해외로 갈 것이니 그 이후 영남 지역의 일을 맡아줄 것을 부탁하였다.

심산은 성주에 도착한 날 집으로 돌아왔다. 어머니가 독감에 걸려 바로 말씀드리지 못하고 며칠이 지나 차도가 있자, 어머니를 뵙고 거사 계획을 말씀드렸다. 그러자 어머니는 "너의 이번 거사와 이번 걸음은 실로 네가 평소에 소원하던 바이니 늙은 어미에 마음 쓰지 말고 힘써 하라." 고 당부하셨다. 어머니와 작별을 하고 집을 떠난 다음 날 거창 다전의 곽종석을 찾아뵈었다. 병중에 있던 곽종석은 "망국의 대부로서 늘 죽을 자리를 못 얻어 한탄하였는데, 이제 전국 유림을 이끌고 천하만국의 대의를 소리치게 되니 나도 죽을 자리를 얻게 되었다."고 하여 유림단의 대표가 된 것을 영광스럽게 받아들였다. 그런데 김창숙이 부탁한 파리장서의 글은 장석영에게 부탁하였다고 하였다. 이 말을 듣고 심산은 바로 암포의 장석영을 찾아가 뵈었다. 심산은 장석영이 작성한 파리장서 초고를 보고, 외교 서한은 외국어로 번역되어야 하므로 사실을 보다 구체적으로 기술할 것을 요청하였다. 그러나 장석영은 수정을 거절하였다.

심산은 다시 다전의 곽종석을 찾아가니, 곽종석은 그렇지 않아도 기다리고 있었다고 하면서 장석영이 쓴 초고가 사실이 소략하기 때문에 사실을 구체적으로 고쳤다고 하면서 장서를 보여주었다. 이때 곽종석은 김황이 구체적 사실을 충실히 기록하여 쓴 것을 보여주었다. 김황이 쓴 것을 본 심산이 글이 좀 지루하므로 간략하게 다듬어 달라고 하자, 곽종석은 흔쾌히 수십 줄을 고쳐 다듬었다. '이준 할복설'이나 '고종 독살설' 등과 같이 사실의 신뢰성에 문제가 있는 부분이 삭제되었다. 외교문서로서 객관적 신뢰성에 초점을 맞추어 장서를 수정했던 것이다. 곽종석은 조카 곽윤으로 하여금 정본을 만들도록 하고 장서를 미투리 날줄로 꼬아서 숨겨 가기 좋도록 만들어 주었다.

심산은 곽종석이 이미 사람을 시켜 심산의 중국행을 돕도록 준비해 놓았으며 여비 문제 또한 유림 전체가 마련할 것이라는 말을 들었다. 그리고 중국의 북경과 상해로 갈 터인데, 외국에서 활동하는 이승만李承晩, 이상룡, 안창호安昌浩와 같은 인물과 협의하여 일을 진행하고, 중국 혁명당 요인의 도움이 필요할 때에는 자신이 아는 운남의 이문치李文治를 찾아가라는 지시를 받았다.

추격하는 일본 경찰을 가까스로 따돌린 심산은 며칠 뒤

서울에 도착하여 지방으로 내려가 연락 임무를 맡았던 이중업, 성태영, 유진태 등을 만났다. 그러나 호남에 다녀온 류준근은 간재艮齋 전우田愚가 유학자로서 서양 오랑캐에게 독립을 호소하는 운동에는 참여할 수 없다고 거절했다는 소식을 갖고 왔다.

며칠 후 유진태와 의당毅堂 이득년李得年이 찾아와 호서지역의 경호敬鎬 임석후林錫厚가 기호지방 유림 지산志山 김복한金福漢 등 17명의 연명으로 파리평화회의에 보낼 서한을 갖고 상경하여 곧 출발할 예정이라는 소식을 전했다. 이에 이득년의 집에서 호서의 유림 임석후를 만나 유림단을 하나로 통일하여 일을 추진하기로 합의하였다. 두 개의 서간을 비교한 결과 곽종석이 작성한 문서를 사용하기로 하고, 명단을 통일하되 곽종석과 김복한 등의 순서로 연명하기로 합의하였다. 이렇게 해서 곽종석과 김복한 등 137명의 명의로 된 유림단의 파리장서가 확정되었다.

파리장서의 서명자는 모두 경남북, 충남북, 전남북 등 삼남 지역 6개 도 출신이었으며, 이 중 경북이 60명으로 제일 많았다. 군 단위에서는 성주가 15명으로 제일 많았다. 유림의 학맥상으로는 서명 일순위자 곽종석과 해외 파견대표 김창숙을 비롯한 한주학파가 가장 중심적인 역할을 맡았다. 이것은 한주학파가 이전부터 유교의 보편적인 인의도덕에 기초하여 국제사회의 여론에 호소하는 것을 독립운동의 주된 방법으로 사용했던 경향과도 관련된다. 여기에 호서의 김복한 계열, 충청과 호남의 최익현崔益鉉 계열, 영남의 류치명 계열 등 여러 학파의 유학자들이 서명에 참여했다.

심산은 호서 지방에서도 별도로 파리강화회의에 대표를 보내는 것을 알게 되자, 영남의 심산과 호서의 임석후가 함께 가는 방법을 고려했다. 그러나 임석후가 국내의 연통을 맡기로 하면서 해외에 가는 대표로는 심산이 결정되었다. 이렇게 해서 영남과 호남과 호서가 연합한 유림단의 파리장서운동이 추진되었다.

심산이 중국으로 출발하고자 했으나 곽종석이 중국 안내를 부탁했다는 이현덕李鉉德이 오지 않았다. 계속 미룰 수 없기에, 성태영과 유진태가 중국어를 잘하는 박돈서朴敦緖로 하여금 심산의 안내를 맡도록 하였다.

심산은 1919년 3월 23일 밤 10시 서울을 떠나 안동을 거쳐 봉천(瀋陽)으로 갔다. 봉천의 동순태 본점을 찾아가 국내에서 온 중국인 상인을 만나 여비와 문서를 전달받았다. 그리고 이발소로 가서 상투를 자르고 중국옷을 입고 중국 모자를 썼다. 중국에서 활동하는 독립운동 지사들의 소식을 수소문하니 모두 상해로 갔다는 것을 알게 되었다. 이에 봉천을 떠나 3월 27일 상해에 도착하였다.

심산은 상해에서 석오石吾 이동녕李東寧, 성재省齋 이시영李始榮, 청사晴簑 조성환曹成煥, 단재丹齋 신채호申采浩, 우천藕泉 조완구趙琬九, 예관睨觀 신규식申奎植 등과 만나 파리평화회의에 갈 계획을 밝혔다. 그런데 그들로부터 이미 민족대표로 우사尤史 김규식金奎植을 7, 8일 전에 파리에 파견했다는 이야기를 들었다. 그는 유림단 대표 곽종석으로부터 국외로 가서는 국외 독립운동 지도자들과 협의하여 추진하라는 지시를 받았다. 이에 이동녕 등과 협의한 결과 심산은 서양 언어를 구사하지 못하는 반면 한학에 조예가 깊으므로 유럽으로 가기보다는 중국에 대한 외교를 담당하여 중국 지역의 독립운동을 지원하는 역할을 부탁받았다. 유림단의 파리장서는 서양어로 번역하여 우편으로 파리강화회의에 보내는 방안을 제의받았다. 이러한 방안에 대해서는 뒤늦게 상해에 도착한 호봉瑚峯 손진형孫晋衡과 만오晩悟 홍진洪震도 찬동하였다.

심산은 중국 지역에서 활동하던 독립운동 지도자들의 통일된 의견에 따라 파리행을 그만두고 중국에 체류하면서 중국에 대한 외교책임을 맡기로 하였다. 유림단의 파리장서를 김규식에게 우송하여 파리강화회의에 제출하도록 하였다. 또한 장서를 영어·국문으로 번역하도록 하고, 영어본과 한문본을 각 3,000부 정도 인쇄하여 파리강화회의, 각국의 외교관 및 중국의 정계 요인들뿐만 아니라 해외 각지의 동포들에게도 우송하였다.

파리장서의 내용 분석

유림단이 파리강화회의에 제출한 장서의 원문을 해석하면 다음과 같다.

한국의 유림 대표 곽종석과 김복한 등 137인은 파리평화회의 제위 각하에게 삼가 글을 올린다. 하늘이 덮고 땅이 싣고 그 사이에 만물이 함께 자라 위대한 빛이 밝게 비추고 위대한 교화가 행해지니 그 도리를 가히 알 수 있다. 그러나 세력 쟁탈전이 벌어지면서 강약의 세력이 나눠지고 겸병하는 힘을 쓰게 되어 크고 작음의 형세가 벌어졌다. 이에 인명을 해치고 위세를 멋대로 행사하여 다른 나라를 침략하고 재물을 약탈하는 데까지 이르렀다.

오호라! … 오늘날 천하가 큰 인仁을 베풀어 천지의 마음
으로 위대한 밝음을 비추고 위대한 교화를 행하여 천하
를 통일하여 모두가 대동大同에 돌아가서 만물이 각기 그
성품을 다하게 한다면, 이에 일시동인一視同仁하여 사해가
모두 편안해 질 것이다. …

  오호라! 우리 한국은 진실로 천하 만국의 하나로서 강
역이 3천리요, 인구는 2천만이다. 4천 년의 역사를 유지하
고 반도 문명국이라는 칭송을 잃은 적이 없었으니 만국이
능히 없앨 수 있는 나라가 아니다. 불행하게도 천운이 좋
지 못하여 국위가 부진하고 역적들이 내홍을 일으키자 강
한 이웃 국가가 틈을 엿보고 무력을 사용하고 간교한 꾀
로 임금을 협박하고 국민을 억압하여 강제로 맹약을 체결
하였다. 이에 국토를 빼앗고 황제를 폐위시켰으니, 우리
한국이 세계에서 없어지게 되었다.

  슬프도다! 일본이 행한 바를 대략적으로 거론하면, 병
자년에 우리나라 대신과 강화도에서 맹약을 맺었고, 을미
년에는 청나라 대관과 시모노세키에서 조약을 맺었다. 이
두 조약에서는 모두 우리 한국의 자주독립을 영원하게 한
다는 조항이 있었다. 계묘년에는 러시아에 선전포고를 하
면서 열국에 한국의 독립을 공고하게 하겠다는 약속을 굳
게 지키겠다고 성명하였으니 이는 만국이 모두 함께 아는
바이다. 그런데 얼마 지나지 않아 거짓된 계책을 백출하
여 안으로는 협박하고 밖으로는 기만하니 독립이 변하여

보호가 되고 보호가 변하여 병합이 되었다.

한국민이 청원서를 보내 만국의 공의公議에 부칠 것을 도모하였으나 한국민에게 직접적인 과실이 없었을 뿐만 아니라 만국에게도 실질적인 계책이 없었다. 만국의 여러 선생들은 일본이 한국에게 한 행위가 진실로 공의를 손상하여 만국에게 신의를 잃지 않았다고 보는지 모르겠다.

우리나라의 신민臣民은 맨손과 맨주먹[赤手空拳]이어서 스스로 떨쳐서 할 수 있는 일이 없다는 것을 너무 잘 알아서 탄식만 하였다. 아침저녁으로 우리나라의 국민들은 상천上天이 우리를 비추고 크게 좋은 운수가 다시 돌아오기를 빌면서 수치심을 참고 견디면서 쓰디쓴 고통의 시간을 보낸 지 10년이 되었다.

여러분들이 평화대회를 개최한다는 이야기를 듣고 우리나라 인민들은 모두 뛸 듯이 격분하여 만국에게 평화를 실현해 주기를 부탁하는 것이다. 우리 한국도 또한 만국의 하나인데, 어찌 평화를 유지하지 못하게 할 수 있겠는가? 폴란드 등 여러 나라가 모두 독립하여 모두 다시 만세를 부르고 있다. 평화회의를 개최한다는 것이 이미 정해졌는데, 저 폴란드 등은 어느 나라이며, 우리나라는 어느 나라인가? 둘 다 하나같이 인仁을 베풀어야 또한 옳은 일이다. 하늘의 운수는 좋게 돌아올 때가 있는 법이다. 여러 선생들은 이를 따라 할 수 있는 일을 완수해야 할 것이다. 우리들은 이를 따라 우리나라를 갖게 될 것이다. 우리가 죽어서 골짜기에서 돌아다닌다 하더라도 백골 또한 썩지 않을 것이며 두 눈을 부릅뜨고 좋은 소식을 기다릴 것이다. 늦어져서 미뤄지게 되면 하늘 또한 죽음을 애도하지 않을 것이다.

어느 날 밤 갑자기 우리의 군주가 승하하니 나라 전체의 민심이 흉흉하고 통곡과 원망이 천지를 진동하였다. 이에 국장일이 되자 종교계와 사회단체는 물론이고 모든 개인들이 남녀를 불문하고 독립을 소리 높이 외치면서 우리 임금의 영혼을 위로했다. 비록 눈앞에서 체포하고 살육을 행할지라도 맨손으로 앞을 다투어 죽음으로 나아가는 것을 부끄러워하지 않았다. 여기서 억울함이 너무 오랫동안 쌓여서 반드시 풀어야만 했음을 알 수 있다. 여러 선생들은 이 사건을 보고서 그 용기를 북돋아주어야만 하지 않겠는가? 그러나 여러 달이 지났는데도 분명하게 보여주는 곳이 없으니 또한 의심스럽기도 하고 놀랍기도 하다. 우리나라에서 직접 전달할 수 있는 경로가 없고 중간에 일을 하는 자가 반복하여 사기를 쳐서 여러 선생들이 보고 듣는 것을 미혹시키는 현실이 한탄스럽다.

청컨대 다시 한 번 분명하게 밝힌다. 하늘이 만물을 생산함에 반드시 만물의 능력을 있게 하였으니 작게는 물고기와 곤충이라도 모두 자유롭게 활동할 수 있도록 하였다. 사람이 사람됨과 나라가 나라됨에는 진실로 또한 개인과 국가 모두 자치하는 능력을 갖게 된다. 우리 한국은 비록 작지만, 강역이 3천리요, 인구는 2천만이며, 4천 년의 역사가 있으니 우리 한국의 일을 감당할 능력이 충분한 것이다. 스스로 다른 사람에 비해 부족함이 없으니 처음부터 어찌 적국이 대신 다스려주기를 기다리겠는가?

천리면 풍화風化가 다르고, 백리면 습속이 다르다. 저일본이 우리 한국이 독립할 능력이 없다고 하면서 자기 나라를 다스리는 이치를 우리 한국의 풍속에 적용하려고 하는데, 풍속이라는 것은 졸지에 변화시킬 수가 없는 것이다. 한국 국민이 한국 국민인 것은 비단 강역과 풍토가 이미 정해졌기 때문만이 아니다. 그것은 천성으로 얻은 바가 그렇기 때문이기도 한 것이다. 그러므로 일시적으로 다시 굴복하여 위협하는 힘을 받아들인다 하더라도 그 마음은 진실로 장차 천만년이 흐른다 해도 한국의 국민임을 잃지 않을 것이다. 본심이 보존되어 있는데 어찌 속일 수 있겠는가? 마음은 끝내 속일 수 없는 것이다. 그런데도 일본인은 만국이 모두 폐지한 위세로 만인의 일치된 공의公議를 억누르려고 하니 성공할 수 없는 계책이다.

곽종석 등은 산과 들판에서 늙어가는 옛 나라의 신하가 된 자들로 돌아가신 임금의 유풍에 힘입어 유교의 문하에 종사하고 있다. 이제 세계가 유신하는 때를 맞이하여 나라가 있고 없는 것이 이번 거사에 달려 있다. 나라가 없이 살기보다는 차라리 나라가 있으면서 죽는 게 낫다. 좁은 골짜기에 갇혀 있기보다는 차라리 만국이 함께

들을 수 있는 곳에 몸을 던져 바라보면서 한편으로 억울함을 드러내고 그 진퇴를 기다리는 것이 나을 것이다. 돌아보건대 바다와 육지를 지나야 되고 국경 출입이 까다로운 곳도 많아서 그곳에 도착하지 못하여 절박한 호소를 들어보지도 못할까 두렵다. … 비록 여러 선생이 신성하게 총명하더라도 우리 한국의 사정을 보고 듣지도 못했는데 어찌 잘 살필 수가 있겠는가? 이에 감히 동정을 구하는 말과 10년 동안 겪은 사실을 합하여 짧은 문서 1부를 만들어서 하늘 끝 만리 밖으로 편지를 받들어 보낸다.

진실로 비극이 절박하여 말할 바를 모르겠다. 오직 여러 선생들은 가엾게 여기고 살펴서 공정하게 의논하여 공정한 판결을 내려 위대한 밝음이 두루 비치지 않음이 없게 하고 위대한 교화가 순조롭게 행해지지 않음이 없게 하기를 바란다. 그러면 곽종석 등에게는 나라가 있고 없음이 달려 있을 뿐만 아니라 하나 밖에 없는 세상에 다행스럽게도 도덕이 행해지는 것도 가능하게 될 것이다. 이것이 여러 선생들이 일을 잘 마무리하는 것이 될 것이다. 만약 실행되지 않으면 곽종석 등은 머리를 서로 부딪쳐 죽을지언정 맹세코 일본의 노예가 될 수 없다. 2천만의 목숨이 홀로 천지의 양육을 받지 못하여 평화의 기운을 펼치지 못함을 근심하도록 할 것인가? 오직 여러 선생들은 노력하라.

昌淑致書于巴里平和會

右各國開美利堅會于法蘭都是月送金

此例自有舊制先生曰右無事因獻歆久

而衛或開貌亦不可謂華制亦非不可謂

士民然自齊將國華者似北論者因獻歆久

進挽韋而終不出貴後始得於爛紙○又道齋及門

人數人赴哭于城外路次舊制士民哭次于宋門外路

파리장서(《면우선생연보偵宇先生年譜》)

유림단의 파리장서는 유교의 대동사상에 대한 기술로
부터 시작한다. 우주 자연이 본래 만들어질 때에는 위대
한 밝음과 교화가 미치지 않는 곳이 없었다고 본다. 그런
데 권력투쟁이 벌어져 강대국이 약소국을 침략하는 혼란
이 발생하였다는 것이다. 이러한 때에 천하에 인仁을 펼쳐
대동평화를 이룩해야 한다고 주장했다. 이어서 문명국이
었던 한국이 일본의 무도·불법한 침략에 의해 망했다는
사실을 말하였다. 그런데 이러한 일본의 침략 행위는 한
국의 독립을 영원히 보장한다는 국제적 약속을 어긴 일이
었다. 이에 1907년 만국평화회의에 호소하였으나 실질적
인 조치가 이루어지지 않았음을 지적했다. 그러면서 이러
한 일본의 행위에 대해 국제적 신의를 배반한 것임을 강
조하였다.

다음으로 10년 동안 일본의 폭정에 시달리다가 1919년
파리에서 만국평화회의가 개최된다는 소식을 듣고 한국
의 독립을 요청하게 되었다는 사실을 밝혔다. 폴란드 등
여러 나라가 독립한 사례에 따라 한국도 독립시키는 것이
국제공의에 부합한다는 점을 지적하였다. 그러면서 3.1
운동을 통해 한국민들이 죽음을 무릅쓰고 독립을 선언했
음에도 적국 일본의 농간에 의해 국제사회에 잘 전달되지

않는 현실에 대한 안타까움을 표시했다.

그리고 다시 강조하기를, 모든 만물이 자활 능력이 있
듯이 모든 개인과 국가는 스스로를 다스리는 능력과 권한
이 있다고 하였다. 게다가 일정한 강역과 일정한 인구와
오랜 역사를 갖고 문명국가를 형성한 한국은 독립하여 자
치할 능력이 있기 때문에 일본이 대신 다스릴 필요가 없
다는 점을 지적하였다. 또한 한국과 일본은 풍습이 다르
기 때문에 일본이 한국을 일본화하려는 시도는 실패할 것
이라고 하였다. 일본의 한국에 대한 식민 지배 정책은 모
든 민족은 자결권을 갖는다는 국제공의에 어긋나는 것임
을 지적했던 것이다.

마지막 부분에서는 유림단이 직접 파리강화회의에 참
석하기가 어렵기 때문에 문서로 적어 보내는 이유에 대해
설명하였다. 이어서 유림단에 참여한 사람들의 각오를 밝
히면서 만국평화회의 담당자들이 한국의 독립과 세계평화
의 실현이라는 국제적 공의를 실천하기 위해 노력해 달라
고 당부하였다. 곽종석 등은 늙은 선비로서 나라 없이 살
기보다는 죽음으로써 나라를 있게 만들려고 한다고 하였
다. 따라서 만일 자신들의 요구가 수용되지 않으면 서로
머리를 부딪쳐 죽겠다고 하면서 일본의 노예로 살 수 없다

고 하였다. 마지막으로 2천만의 한민족만이 평화를 얻지 못한다고 근심하지 않도록 노력해 줄 것을 당부하였다.

파리장서를 보면 유림들은 파리강화회의를 유교의 인의가 천하에 실현되어 대동사회를 만드는 과정으로 파악했다. 따라서 그들은 일본 침략의 폭력성과 비도덕성, 나아가 일본이 한국의 독립을 보장한다는 국제적 약속을 배신한 행위를 집중적으로 강조하면서 국제공의에 따라 일본의 불법과 배신행위를 중지시키고 한국을 독립시킬 것을 요구하였다. 유림들은 또한 한국이 자주 독립할 수 있는 근거를 하늘의 도리, 즉 하늘이 만물을 생육하는 원리에서 찾았다. 하늘은 모든 만물이 각자의 본성을 발휘하면서 스스로 활동하고 스스로 다스리도록 하였다는 것이다. 즉 한국인 개인과 한국이라는 나라는 이미 천부적으로 자치 능력과 자격을 갖추었다는 것이다. 여기에다가 인구와 강역의 규모와 문명국으로서의 오랜 역사를 가졌으니, 독립국가가 되는 것이 너무 당연하며, 이웃 일본의 식민지가 되는 것은 하늘의 이치에도 어긋나는 것임을 지적했다.

모든 생물이 천부의 생존권을 갖고 있고, 모든 개인과 국가가 천부적인 독립적 자치 능력과 권리를 갖고 있다는 관념은 서양 근대사상의 천부인권설과 민족자결주의를 유교 사상의 틀 내에서 수용한 것이다.

이렇듯 유림들이 한국의 독립 문제를 국제사회의 여론에 호소하면서 해결하고자 하였다. 이 과정에서 서양인들에게 공감을 일으키고 설득할 수 있는 논리가 반영되었다. 앞서 파리장서 초고를 작성하는 과정에서는 유림단이 객관적인 사실에 충실하게 기록하는 것이 국제사회의 공감을 얻어내기 쉽다는 인식을 가졌음을 확인했다. 그리고 실제 한국이 독립을 요구하는 근거와 논리를 국제사회의 기준에 맞추려고 노력한 흔적도 확인된다. 우선 일본이 한국을 침략할 때 무력적이고 폭력적이며 사기술을 동원하여 국제법적으로 무효인 조약을 체결했다는 사실을 밝혔다. 이어서 한국 등과 조약을 맺을 때 한국의 독립을 인정하고 보장했는데, 그 약속을 지키지 않고 보호국이나 식민지로 만든 국제적 배신행위를 지적했다. 그리고 마지막으로는 서구의 근대 민주주의 국가를 수립할 때 적용된 천부인권설과 파리강화회의에서 적용될 민족자결주의 원칙을 제시하였다.

앞서 보았듯이 심산이 곽종석과 파리장서 초고를 수정하면서 파리장서는 외국인들이 보고 읽는 외교문서라는 점을 중시했다. 그래서 가능하면 객관적 사실을 구체적으로 적시하며 간단명료하게 뜻이 전달될 수 있도록 하는 데 교정의 중점을 두었다. 이러한 노력은 동시에 독자이자 청중인 서양인들의 가치 기준을 고려했다는 뜻이기도 하다. 파리장서에 국제공법의 내용, 천부인권설, 민족자결주의의 내용 요소가 포함된 것은 유림단이 외교 전략상의 고려를 하면서 내용과 논리를 가다듬었다는 점을 확인해 준다.

그런데 여기서 주목할 점은 유림단의 장서에 국제공법이나 만국공법, 천부인권설, 민족자결주의라는 서구의 근대적 개념과 용어가 나오지 않는다는 점이다. 그러한 사상의 내용 요소는 모두 과거 유교경전이나 고문헌에 나오는 용어나 한자로 표현되었다. 말하자면 서양 근대사상의 내용 요소가 유교적 개념과 용어로 표현되어 있는 것이다. 그것은 결국 공자와 맹자의 대동사상이 파리평화회의에서 추구하는 세계평화론과 일맥상통한다는 점을 말하고 있는 것이다. 나아가 유교에서 파악하는 천도 혹은 천리는 서양 근대인들이 말하는 천부인권설이나 민족자결주의와도 부합하는 것으로 파악했다는 의미도 갖게 된다.

유림단이 유림단 명의로 국제사회에 한국의 독립을 요

구할 때, 유교적 가치와 논리, 유교적 용어와 개념을 사용했다. 그리고 이러한 운동에 대한 민족적 지지를 이끌어내었다. 이것은 유교가 민족과 세계가 당면한 과제 해결에 아직도 유용성을 갖는 사상과 학문임을 대외에 과시하는 것이기도 하였다. 실제로 심산 김창숙은 이 일을 도모할 때, 유학자와 유교가 천도교, 기독교, 불교 등과 힘을 합하여 독립운동에 참여함으로써 부끄러움을 씻어내고자 하였다. 그리고 그가 1910년 국망 이후 수년 동안 유학 공부를 한 끝에 내린 결론인 치국평천하의 요체가 인욕을 막아 천리를 보존하는 데 있다고 하면서, 이때의 학문적 깨달음이 평생의 득력이 되었다고 했다. 그는 유교에 대한 참된 학습만으로도 구세주의적인 사회적 실천을 가능하게 한다고 확신했다. 곽종석과 김복한 등이 서양 근대사상을 접했지만, 그것은 어디까지나 유교의 틀 내에서 이루어졌다. 마찬가지로 그들보다 한 세대 뒤의 인물이긴 하지만 김창숙도 자신의 지식과 사상적 변화를 유교의 틀 내에서 녹여내고 있었다. 유림단의 파리장서는 바로 이러한 유학자들의 가치관과 사고방식이 반영된 문건이다. 그것은 짧은 글이지만, 유림들이 유교의 가치와 사고 체계가 당시의 민족과 세계 문제 해결에 유용한 학문이며 사상 체계임을 압축적으로 보여주는 생생한 자료라고 할 수 있다.

파리장서에서는 고종의 인산因山을 언급하고 신민臣民이나 신자臣子 등의 표현을 사용하여 전통적인 왕조시대의 군주 중심의 정치의식이 담겨 있다. 그러나 한국인을 지칭할 때 '과방寡邦 인민人民'이라는 용어도 사용하고 있다. 이와 관련하여 파리장서의 문서 채택 과정에서는 호서유림 김복한의 장서와 영남 쪽에서 김황이 작성하고 곽종석이 수정한 장서 중 어느 것을 채택할 것인가에 대한 논의가 있었다. 그 논의의 결과로 영남본이 채택된 것이다. 호서본과 영남본의 차이 중 특징적인 것은 조선 왕조에 대한 인식이다. 김복한의 장서에는 '이씨 종사의 부흥'을 목표로 한다고 하여 복벽주의復辟主義가 분명하게 나타났다. 반면 김황과 곽종석이 작성한 영남본에는 조선왕조에 대한 복벽주의적 요소가 발견되지 않는다. 다만 자신들이 돌아가신 임금의 신하이며, 고종의 인산을 계기로 3.1운동이 일어났다는 사실만 밝혔다.

또한 국내에서 가져온 파리장서는 중국 상해에서 최종적으로 파리강화회의가 제출되기 전에 김창숙, 임경호 등이 상해의 독립운동 지사들과 협의하는 가운데 또 한번의 수정을 거쳤다. 이때 한국인의 주체에 대한 표현이 바뀌었다. 즉 국내에서 가져온 초본에는 독립의 주체를 '오군오민吾君吾民'이라 했는데, 최종적으로 국제사회에 제출된 문건에서는 '오국오민吾國吾民'이라고 하였다. 이로 말미암아 파리장서에서 조선 왕조의 군주가 등장하지만, 그 존재는 오직 죽고 사망한 존재로서만 등장한다. 현재와 미래의 시점에서 군주는 발견되지 않는다. 대신 독립된 한국민의 주체는 오직 '오국오민吾國吾民'으로 표현되는 것이다. 나라와 인민을 합쳐 부르는 의미의 국민이 우리나라 독립의 주체가 되는 것이다. 유림단은 바로 그러한 국민의 뜻을 대신하여 파리평화회의에 독립을 요청하는 글을 올리게 된 것이다.

김창숙은 유림대표로서 한국의 독립을 국제사회에 호소하는 가운데 민주주의 가치를 공유하는 국제사회에서 통용되는 천부인권설과 민족자결주의 등과 같은 정치사상을 받아들이게 되었다. 이제 그는 신분 평등사상을 넘어서서 근대 국민국가에 보다 근접하게 되었던 것이다.

대한민국 임시정부 참여

3.1운동 이후 국내외의 주요한 독립운동 지도자들은 중국 상해로 몰려들었다. 상해는 국제항구로서 교통의 요지였으며, 외국의 공사관과 조차지가 있었기 때문에 외국인들이 거주하기에 편리하였다. 따라서 상해에서는 한인 교포 사회 형성도 용이하였고, 독립 외교를 펼치기에는 최적의 장소로 손꼽혔다. 1919년 1월부터 준비하여 파리강화회의에 김규식을 대표로 파견하여 가장 민첩하게 독립 외교를 펼친 것도 상해 지역의 독립운동 지도자들이었다. 1919년 2월 도쿄 유학생 대표가 오고 3월에 3.1운동 민족 대표가 오고 국내외의 여러 독립운동 단체 대표들이 상해로 모여들었다. 이에 상해에는 임시독립사무소가 설치되어 독립운동을 본격적으로 준비하기에 이르렀다.

상해에 모인 독립운동가들은 독립외교를 위해서는 정부를 조직하는 것이 가장 효율적이라고 생각하여 1919년 4월 10일 정부 수립을 위한 회의를 개최하여 밤새도록 논의하였다. 그 결과 대한민국 임시의정원(이하 임시의정원)이 개최되어 대한민국을 국호로 정하고 대한민국 임시헌장(이하 임시헌장)을 제정하고 임시정부의 각원을 선출

함으로써 대한민국 임시정부가 수립되었다. 국호는 대한
제국을 계승한다는 의미에서 '대한'이라 정하되, 주권이
국민에게 있는 민주공화국임을 임시헌장에 규정함으로써
'제국' 대신에 '민국'이라고 정했던 것이다. 이로써 한국의
독립운동은 대한제국의 부활이 아니라 주권재민주의에 기
초한 민주공화국 수립을 지향하게 되었다.

1919년 대한민국 임시정부 수립 초기 청사

3월 말 상해에 도착한 심산 김창숙은 유림단 대표로서 상해의 유력한 독립운동 지도자들과 만나 파리로 갈 수 있는 방법을 논의하였다. 이 과정에서 서양 언어를 모른 채 여러 나라를 거치면서 검문을 당하게 되면 파리에 도착하는 것조차 불가능하게 될지도 모른다는 사실을 알게 되었다. 또한 중국 지역 독립운동 지도자들은 한문에 대한 조예가 깊으니 중국과의 외교를 맡아달라는 부탁을 받았다. 이에 심산은 파리장서는 외국어로 번역해서 보낸 뒤, 중국에서 독립운동에 참여할 것을 결심하였다. 그가 당초 계획을 바꿔서 파리장서를 인쇄하고 배포하기까지 여러 날이 소요되었다. 따라서 그는 임시정부 수립에 관해서는 여러 동지들과 의견을 나누었지만, 초기에는 정부 수립 작업에 직접 참여하지는 못했다.

심산이 임시정부에 참여했다는 구체적 기록은 1919년 4월 30일 상해의 한인거류민단 사무소에서 개최된 임시의정원 4차 회의에서 경상도 의원에 선임된 사실이다. 이어서 임시의정원 기록에는 7월 7일의 5차 회의에 상임위원회인 교통위원회 위원에 선임된 것으로 나타나 있다. 이것은 그가 대한민국 임시정부가 수립된 이후에 민주적 선거 절차를 거쳐서 경상도 지역의 임시의정원 대표로 참여했다는 것을 뜻한다. 그는 대한민국 임시정부가 군주 주권을 부정하고 국민 주권주의에 의거한 민주공화제를 규정한 임시헌장을 채택한 사실과 임시의정원이 국회 역할을 하는 것임을 알고 난 뒤에 경상도 지역의 임시의정원 대표로 참여한 것이다. 그의 임시정부 참여는 그의 국가건설 구상이 민주공화국 건설로 귀착되었음을 뜻하는 것이었다. 그가 임시의정원 의원으로 선정된 데에는 유림단의 대표라는 명성이 크게 작용하였겠지만, 그의 임시정부 참여는 원칙적으로는 경상 지역 대표 자격으로 이루어진 것이다.

그러나 심산의 대한민국 임시정부 임시의정원 활동은 오래 지속되지 못했다. 1919년 8월 18일 6차 회의에서는 임시의정원 의원에서 해임되었다. 일제 측의 기록에 1920년 2월 임시의정원 의원으로 나오는데 이는 착오로 보인다. 임시정부 제7회 임시의정원 회의가 개최된 1920년 2월 23일의 회의록에는 김창숙이 임시의정원 의원 명단에 없다. 이를 보면 그가 임시의정원 의원으로 활동했던 기간은 4월 30일부터 8월 18일까지 채 석 달이 되지 않는다. 8월 18일은 심산이 임시의정원 의원 자격으로 중국 광주廣州에 가서 손문孫文이 이끄는 광동군정부와 우호 협력 방안을 논의하는 시점이었다. 그리고 그는 1920년 4월까

지 광주에 체류하면서 광동군정부와 대한민국 임시정부와
의 협력 사업을 추진하고 있었다. 따라서 그가 8월에 임시
의정원 의원을 그만둔 것은 앞으로 광주에서 활동할 계획
이어서 임시의정원 회의에 출석할 수 없는 상황이 고려되
었기 때문으로 보인다.

대중국 외교활동

심산 김창숙이 대한민국 임시의정원 의원으로 활동할
때인 1919년 7월 중국의 호법정부를 이끌고 있던 손문을
만나 한국과 중국의 협력 방안에 대해 논의하였다. 그가
손문을 만나게 된 것은 유림단 대표로 중국에 올 때 곽종
석이 중국의 혁명당 세력과 제휴할 필요성을 느끼고 자신
이 알고 있던 이문치를 소개해 주었기 때문이었다. 심산
은 상해에 오자 곽종석의 지시에 따라 이문치와 접촉하기
위해 먼저 이완李俒을 만났다. 이완은 성주 출신으로 이
문치의 사위였기 때문이다. 이완을 통해 심산은 이문치가
광주에 있다는 사실을 알고, 편지를 써서 곽종석이 당부
한 사항을 말하였더니 머지않은 장래에 상해에서 한번 만

나자는 약속을 받아내었다.

1919년 6월 중순 무렵 하남 사람으로 중국의 광동군정부의 중의원 의원 능월凌鉞이 심산이 묵고 있는 여관으로 찾아왔다. 능월은 자신이 광주에 있을 때 이문치로부터 심산에 대해 들었기 때문에 심산을 찾아왔다고 했다. 심산과 능월의 대화는 필담으로 진행되었다. 심산은 능월로부터 일본은 중국과 한국의 원수이므로 중국의 혁명 동지들과 더불어 한국의 항일 독립운동을 힘껏 돕겠다는 말을 들었다. 심산은 호봉 손진형, 능월 등과 함께 여러 차례 만나 친교를 다졌다. 그러자 며칠 후 능월은 한국의 독립운동 상황에 대해 물어보았다. 이에 심산이 국내외 각처에 있는 한국의 혁명 동지들은 수십만 명인데, 대부분의 지도자들이 지금 상해에 모여 임시정부를 세워서 독립운동을 이끌고 있다고 답하였다. 그러자 능월은 중국과 한국의 혁명 정부 사이에 중한호조조약을 체결해서 동양평화를 함께 이룩하자고 제안하였다. 이 제안에 대해 심산이 즉각 찬성을 하자, 능월은 그렇다고 한다면 중화혁명당과 중국의 광동군정부를 이끌고 있는 손문을 만나야 된다고 하면서 자신이 손문과의 만남을 주선하겠다고 제안하였다.

손문

이렇게 해서 1919년 7월 초순 심산 김창숙과 손문과의 역사적인 회담이 열리게 된 것이다. 이 날 심산과 손문과의 회담에는 주선자 능월을 비롯하여 손진형과 손영직孫永稷이 동석했다. 심산은 임시의정원 의원과 교통위원회 위원으로 활동하고 있었고, 손진형은 임시정부 평정관이었으며, 손영직도 직간접으로 임시정부에 참여한 인사였다. 심산은 이문치를 통해 능월에게 유림단의 대표로 소개되었다. 그런데 능월이 심산과 만나 임시정부가 수립된 사실을 알았기 때문에 임시정부와 손문이 이끄는 광동의 호법정부와의 협력을 도모하기 위해 모임을 주선한 것이다. 이에 심산은 임시정부에 참여하고 있던 손진형, 손영직과 함께 손문을 방문한 것으로 보인다.

손문은 마침 북방 군벌과 남북 평화회의를 열기 위해 광동에서 상해로 와서 머물고 있던 때여서 심산과의 만남이 빨리 이루어졌다. 심산과 손문이 서로 인사를 나누자, 손문이 먼저 한국에서 혁명운동이 일어났다는 사실을 알고 기뻐서 잠을 못 잤다고 하면서 그에 대한 소개를 요청했다. 이에 심산과 손진형이 3.1운동에 대해 자세하게 설명하였다. 그러자 손문은 한국과 중국은 형제의 나라이며 순치 관계여서 한국이 망하면 중국도 망하고 한국이 독립하면 중국도 독립하게 된다고 하였다. 또 한국은 서양의 발칸반도와 같아서 한국의 독립은 동양평화에 절대적으로 중요하므로 한국의 독립에 대한 원조는 곧 중국의 독립을 보전하기 위한 것이라고 하였다. 그러면서 손문은 한국과 중국이 서로 협력하는 방안을 모색하자고 제안하였다.

심산이 현재 임시의정원 의원 직책을 맡고 있다고 하자, 손문은 중화혁명당 동지들이 광동에서 군정부도 수립하고 참의원과 중의원을 만들었다고 말하면서 양측이 만나 회담하자고 제안하였다. 손문은 대한민국 임시정부와 중화혁명당의 광동군정부와의 공식 회담을 광주에서 열 것을 제안하면서 한국 측에서 출발 날짜를 정해 알려달라고 요청하였다. 그러면서 자신의 30년 혁명운동 실기實記인 《손문학원》 2책을 심산과 일행에게 선물로 주었다.

심산은 1919년 8월 초 한국 측의 손영직과 강대현姜大

鉉을 대동하고 중국 측의 능월과 이문치의 아들인 이후본 李厚本과 함께 상해를 떠나 홍콩에 도착하였다. 홍콩에서는 이문치의 사위 이완도 합류하였다. 심산 일행이 광주에 도착하자 참의원 의원 이문치, 광동 공교회孔敎會 회장 임복성林福成, 평북 박천 사람으로 류인석柳麟錫의 제자인 박병강朴炳疆을 만났다. 이어서 심산은 참의원 의장 임삼 林森, 중의원 의장 오경렴吳景濂, 부의장 저보성褚輔成, 군정부 총재 오정방伍廷芳, 참모총장 이열균李烈鈞, 참의원 의원 주염조朱念祖, 장추백張秋白, 이몽경李夢庚, 중의원 의원 황원백黃元白, 경정성景定成, 조폐창장 공정龔政, 교육회장 진모, 광동성장 조모 등을 두루 만났다. 심산이 만난 인물들은 광동군정부의 인사, 중의원과 참의원 의원, 중화혁명당 인사와 사회 각계 인사들을 두루 망라하였다. 이것은 그만큼 광동군정부에서 심산 일행과의 만남을 중시하여 후대했음을 말해 준다.

중국의 광동군정부에서는 외교부 차장 오산吳山이 심산 일행을 접대하였다. 오산은 중국의 북방 군벌이 일본을 두려워하여 동삼성의 한인들을 탄압하고 있음을 지적하고, 또 북벌을 위한 군정부는 광동에 치우쳐 있어서 정부 차원에서 상해의 임시정부를 도울 수 있는 실력이 없다고 하였다. 그래서 중국의 혁명 동지들이 개인 자격으로 한국독립후원회를 조직하고, 이 조직에서 모금을 하고 이를 한국의 독립운동 지원 자금으로 제공하겠다는 계획을 알려주었다.

한국독립후원회를 조직하자는 제안은 먼저 참의원과 중의원에서 제기되었다. 그러자 군정부 인사, 의원, 교육회, 상업회의소 등 각계 인사 등 300여 명이 참여하여 발기대회를 개최하였다. 의장으로는 중의원 부의장인 저보성이 추대되었다. 발기대회와 동시에 모금이 이루어졌는데, 앞으로 모금한 금액에 대해서는 회계원이 관리하여 광동의 한국 대표를 거쳐 상해의 임시정부에 보내기로 하였다. 한국독립후원회의 회계원은 이문치, 오산, 능월 세 사람이 맡도록 하였는데, 오산과 능월은 모금액을 모두 이문치에게 전달하겠다고 하였다.

심산은 대한민국 임시정부의 대표 자격으로 중국의 광동군정부 인사들을 만나기 위해 광주에 왔다. 또한 그는 한국 유림단의 대표이기도 하였다. 비록 유림단의 파리장서를 파리강화회의와 각국 외교관 및 해외 교포들에게 발송함으로써 자신의 임무를 마쳤지만, 유림단 대표로서의 명성과 권위는 계속되었다. 그래서 광주에서는 공교회 인

사들이 심산을 맞이하였다. 음력 8월 27일은 공자 탄신기
념일이어서 석전대제를 거행하는 날이었다. 이에 심산은
류인석의 제자 박병강과 함께 공교회 회장 임복성의 초청
으로 석전대제에 참석하였다. 이 때 중국 측에서는 강유
위康有爲의 제자로서 예학에 밝다고 알려진 용택후龍澤厚
도 참여했다. 심산은 문묘 주변이 정비되지 못하여 사람
들의 행동에 질서가 없음을 지적하여 석전대제가 엄숙하
게 치러질 수 있도록 조언을 하였는데, 중국의 공교회 인
사들은 그의 가르침에 감사의 뜻을 표하였다. 한국과 중
국 유학자들과의 교류를 통해 중화문명에 대한 공감대를
확인하였던 것이다.

광동군정부 외교차장 오산은 심산에게 한국 유학생들
을 광동으로 초청하여 학업을 할 수 있도록 지원하겠다고
하였다. 그는 심산으로부터 상해로 온 한국 학생들 천여
명이 생계가 곤란하다는 말을 듣고, 한국 학생 50여 명에
게 생활과 학업에 대한 지원을 해주겠다는 것이었다. 한
국 학생에게는 우선 중국어와 영어 강습회를 열어 교육한
뒤, 광동의 각 대학에서 학비를 내지 않고 학업을 할 수
있도록 하겠다는 것이었다. 이에 심산은 10월 초 손영직
을 상해로 보내 유학생을 선발해 오도록 하였다. 10월 말

이 되어 상해에서 김상덕金尙德, 장필석張弼錫, 김제민金濟民 등 50여 명의 학생이 광주에 도착하여 집 한 채를 빌려 공동 생활을 하면서 중국어와 영어를 배우도록 하였다. 그 경비는 모두 오산과 능월 두 사람이 처리하였다.

심산이 광주로 와서 추진한 중국과의 협력 사업은 순조롭게 추진되었다. 심산은 이미 상해에서 손문과 회담하여 한국과 중국의 협력 시스템을 구축한다는 데 합의를 하였다. 특히 손문은 한국의 독립이 중국의 독립에 밀접한 관련성을 띠고 있기 때문에 적극적으로 임시정부와 광동의 호법정부와의 협력을 서둘렀던 것이다. 따라서 손문의 지시를 받은 광동군정부에서는 심산이 특별한 요청을 하지 않았는데도, 자신들이 한국의 독립운동 상황을 파악하여 자발적으로 한국독립후원회를 조직하고 한인 유학생 교육 사업을 추진했던 것이다. 그러나 이것은 광동군정부의 오산 외무차장이 말했듯이 중국정부 차원의 공식적 지원이 아니라 중국정부와 중화혁명당 인사들의 개인적 차원에서 반관반민의 단체를 조직하고 개별적 모금의 형태로 이루어진 것이었다. 그럼에도 불구하고 국내의 유림단 대표로 중국에 온 심산은 손문 등 중국 인사들과 교류하면서 임시정부와 한국 독립운동의 위상을 높이는 데 크게 기여했다고 할 수 있다.

한국독립후원회는 발기대회 당일부터 모금을 시작하여 상당한 자금을 모았다. 한국독립후원회 회계를 담당했던 이들은 군정부 외교부 차장 오산, 능월, 이문치 3인이었다. 오산과 능월은 자신들이 모금한 돈 20만 원을 이문치에게 전달하였다. 당시 사천 지방의 자작농 5인 가족의 1년 수입이 100원 정도였다고 한다. 이를 기준으로 하면 20만원은 2천 가구의 1년치 수입에 해당되는 거액이다. 그리고 이문치가 모금한 돈도 수십만 원이 넘었다고 한다. 이렇게 모금한 돈은 이문치가 총괄하여 광주의 한국 대표인 김창숙에게 전달하도록 되어 있었다.

오산과 능월이 심산에게 이문치로부터 자금을 추심해서 상해의 임시정부에 송금했는지를 물었다. 그러나 심산은 이문치로부터 아무 말도 듣지 못했고, 자금도 전달받지 못하였다. 이러던 차에 1920년 3월 광동군정부에서 내분이 일어났다. 광동군정부 참모총장 이열균과 그의 부하 이근원李根源 사이에 의견 차이로 무력 충돌이 빚어져서, 4월에는 이근원이 군정부를 장악하게 되었다. 중국 광동군정부의 내분으로 중국 측의 주요 인사들이 광주를 떠나 상해나 홍콩 등지로 흩어졌다. 중국 측의 교섭 대상이었던 오산과 능월도 광주를 떠났으며, 한국독립후원회의 자금을 갖고 있던 이문치와 그의 사위 이완도 행방을 알 수 없게 되었다.

심산은 한국독립후원회의 지원 자금을 전달받지 못하였으며, 한국 유학생들에 대한 중국 측의 지원도 더 이상 기대할 수 없게 되었다. 심산과 그 일행을 지원해 주던 중국 측 인사들이 광동군정부의 내분 사태로 모두 광주를 떠났기 때문이었다. 이에 심산은 한국 유학생 50여 명을 데리고 상해로 가는 배를 탔다. 상해로 가는 배에서 심산은 중국 광동군정부 참의원 의원인 주염조와 장추백을 만나 6일 정도를 함께 지내면서 역사와 천하대세에 대해 논의하고, 한국과 중국의 혁명을 위해 서로 도울 것을 굳게 맹세하였다.

중한호조회의 조직

1920년 4월 상해에 도착한 심산 일행은 집을 하나 빌려 학생들과 공동생활을 하였다. 그런데 학생들 가운데 몇 명이 의심스러운 행동을 하여 조사한 결과 이문치의 사위

인 이완이 학생에게 준 편지를 발견하게 되었다. 이문치와 이완이 한국독립후원회가 모은 성금을 갖기 위해 학생을 매수하여 권총 3정과 일본도 1개를 주면서 심산 김창숙의 암살을 지시한 것이었다. 심산은 혐의자 학생 1명을 붙잡아 문초하여 사실을 확인한 뒤, 사죄하는 학생을 풀어 주었다.

4월 하순 심산은 위장병으로 약을 먹으면서 누워 있을 때, 《만주일보》에 게재된 모친의 별세 기사를 접하게 되었다. 병든 몸임에도 불구하고 모친상을 치르기 위해 귀국하고자 하였다. 그러나 이동녕, 백범白凡 김구金九, 백암白巖 박은식朴殷植 등은 심산의 귀국을 다음과 같은 이유로 극구 말렸다. 첫째, 이번 일은 혁명 동지들이 흔히 겪는 일로 권도權道를 좇아 상례를 치르지 못할 수도 있다. 둘째, 귀국하게 되면 필시 체포될 것이고, 그렇게 되면 역시 시묘의 예도 치를 수 없다. 셋째, 선부인께서 '가사에 마음을 두어 나라 사람과의 언약을 저버리지 말라.'고 경계하셨다. 그러니 선부인의 뜻을 따라 국사를 중히 여기고 혁명운동에 분투하는 것이 옳은 일이다. 혁명이 성공한 후 돌아가 3년 시묘를 하는 것이 효성을 다하는 것이다.

심산은 혁명 동지들의 뜻에 따라 귀국하지 않는 대신

이동녕   김구

박은식

중국에서 상복을 입고 상례를 치르려고 하였다. 이동녕과 김구는 이것조차도 말렸다. 신문 기사가 오보일 수 있으므로 국내에 전보를 쳐서 사실 확인을 한 뒤 시행하라고 하였던 것이다. 그러나 전보를 쳤음에도 불구하고 답신이 없었다. 이에 심산은 모친상을 치르지 못하고 독립운동을 계속하게 되었다.

6월 중순 민병위閔丙偉와 김공집金公輯 두 학생을 데리고 광동으로 가서 이문치와 이완을 찾아보기로 하였다. 그들을 찾아 중국인들이 모은 한국독립후원금을 받아내겠다는 생각이었다. 이문치와 이완이 심산을 암살할 계획을 세우고 있을지 모르므로 위험하다고 말렸지만, 혁명사업에 모험 아닌 것이 어디 있느냐고 하면서 광동에 가기로 결단을 내린 것이었다. 광동에 가서 박병강을 만나 정세를 물어보니 공교회 관계자인 임복성과 용택후가 광주로 다시 돌아왔고, 오산은 홍콩에 있다는 소식을 알게 되었다. 그런데 박병강은 이문치와 이완이 해칠지도 모른다고 조심하라고 하였다. 임복성과 용택후 또한 광주에서는 도움을 줄 만한 사람이 없다고 하였다.

이에 심산 일행은 홍콩으로 가서 오산을 만나 이문치와 이완이 모금액을 횡령한 사실과 자신에 대한 암살 계획을 이야기하였다. 심산은 오산에게 모금액을 받아낼 방법에 대해 문의하였다. 오산은 광주에서 정권을 잡고 있는 이근원이 중국 국민당이 한국의 혁명가들을 지원하는 것을 질시하고 있으므로 조처할 방법이 없다고 하였다. 게다가 광주 체류 자체가 신변의 위협이 되므로 조심하라고 당부하였다.

심산 일행은 다시 광주로 돌아와 광주의 경찰청장과 광동성장에게 신변 보호를 요청하는 한편, 이문치와 이완의 행방을 찾아 줄 것을 부탁하였다. 그는 두 달 정도 이문치와 이완의 행방을 수소문하여 두 사람이 홍콩에 머무르고 있다는 사실을 확인하였다. 그러나 광동성 경찰의 힘이 홍콩에 미칠 수 없는 상황이기 때문에 모금액을 찾는 것이 불가능했다.

1920년 8월 하순 심산은 상해로 돌아와 박은식과 그의 아들 박시창朴始昌이 사는 후덕리에서 함께 지냈다. 공교회 회장 임복성이 박병강과 함께 광주에서 상해로 왔기에 박은식과 함께 그들을 만났다. 심산이 임복성과 박병강을 만날 때, 박은식과 함께한 것은 공교회와 관련되었기 때문으로 생각된다.

중국의 변법사상가 강유위는 1907년 공교회를 설립하

고 이를 전국적으로 조직화하였다. 유교를 기독교처럼 종교 조직화하고 전파하여 유교의 대동사상을 통해 세계평화를 실현하려고 한 것이었다. 임복성은 임택풍林澤豊이라고도 하는데, 광주 지역에서 강유위의 제자인 용택후 등과 함께 공교회 회장을 맡고 있었다. 한국인 박병강은 류인석의 제자로 광주에서 임복성 등과 함께 공교회 활동을 함께 하고 있었다. 박은식은 중국 망명 이전인 1909년 강유위의 대동사상을 수용하여 대동교를 창건하고 유교개혁 운동을 추진한 적이 있었다. 심산 김창숙의 스승 이승희도 1914년에는 강유위의 공교회 운동에 참여하여 동삼성 한인 공교회를 설립하기도 하였다. 이것은 중국의 유학자들이 강유위의 공교회를 중심으로 조직화되어 있었으며, 이 중국인 공교회 조직이 중국으로 망명한 한국인 유학자들과 교류하고 있음을 말해 주는 것이다. 특히 한국인 유학자들은 유교의 중화주의적 문명관을 간직하고 있었던 데다가 문묘 제례에 대한 해박한 고전적 지식을 토대로 중국인들에게 공교회의 의례를 체계화하는 데 많은 도움을 주었다. 이런 인연으로 한국인 유학자들은 중국 공교회 관계자들을 통해 지원을 받을 수 있었다.

심산은 광주에서 공교회 회장 임복성 및 박병강과 교류

한 일이 있고, 또 박은식이 강유위의 공교회 일을 잘 알고 있으므로 함께 만난 것이다. 이 자리에서 심산은 임복성에게 신문사를 만들어 중국과 한국의 혁명을 고취하자고 제안하여 승낙을 받았다. 이에 광동의 부호였던 임복성이 자금을 대어 사민일보사四民日報社를 설립하고 사장직을 맡고, 박은식, 박병강, 심산은 찬술원을 맡기로 하였다. 매일《사민보四民報》3만 부를 발행하였는데, 이 중 2천 부는 국내로 배부되었다. 심산이 공교회 회장 임복성을 만나게 된 것은, 그가 유림단 대표 자격으로 중국으로 왔기 때문이었다. 이 때문에 손문과의 회담도 이루어졌고, 광주에서 임복성과도 만나게 된 것이다. 따라서《사민보》는 한중의 유학자들이 협력하여 함께 만든 한중합작 신문의 성격을 띠게 되었다. 이후 박은식을 비롯한 많은 한국인 기자들이 취직하여 활동하게 되면서 일제 당국자는《사민보》를 한인 독립운동기관지로 평가할 정도였다. 심산의 제안으로 한중합작으로《사민보》를 간행하여 한국의 독립운동에 대한 중국의 지원을 확보할 수 있었던 것은 그가 유림단 대표로 거둔 주요한 성과 가운데 하나였다.

1920년 10월 심산은 홍콩에서 온 오산의 편지를 받았다. 10월 중순에 오산이 상해에 올 예정인데, 그때 만나자

는 것이었다. 중국 광동군정부에서 외교를 맡았던 오산은
상해에 도착하자 심산을 만나 한국의 독립운동과 협력 방
안을 협의하기 위해 온 것이라면서 상해 임시정부의 인사
들과의 만남을 주선해 달라고 요청하였다. 심산은 임시정
부를 이끌고 있던 성재誠齋 이동휘李東輝, 이동녕, 박은식,
이시영, 김구, 안창호, 신규식, 동농東農 김가진金嘉鎭 등
을 일일이 방문하여 오산을 소개하였다. 그리고 그는 임
시정부 요인들에게 오산이 온 목적이 한국 혁명 세력과의
협조이므로 환영연을 베풀 것을 제안하였다. 환영연에는
광동군정부 외교총장으로 파리강화회의에 참석했다가 상
해에 돌아온 서겸徐謙도 함께 초청하자고 제안하였다.

이렇게 해서 오산을 주빈으로 서겸을 배빈으로 모신 임
시정부 주최 환영연이 베풀어졌다. 참석자는 이동휘 국무
총리를 비롯하여 50여 명이었다. 이동휘 국무총리의 환영
사와 오산과 서겸의 답사가 있었다. 항일 혁명을 위한 한
국과 중국의 협조에 공감하는 가운데, 서겸은 기독교를
믿어야 혁명에 성공할 수 있다고 하였다. 이후에도 여러
차례 서겸을 만났는데, 만날 때마다 기독교를 믿으라고
권유하는 말을 들었다. 유학자인 심산으로서는 듣기 거북
한 말이었지만, 외교를 위해 내색을 하지 않고 계속 친교

를 유지하였다.

심산은 오산과 서겸을 여러 차례 만나 우정이 두터워지자, 한국과 중국의 협력을 구체화하기 위한 조직을 만들자고 제안하였다. 이 조직은 상해에 본부를 두고 중국의 각 지역으로 지부 조직을 확대하여 물심양면으로 협력할 방법을 찾아 실질적인 효과를 거둘 수 있도록 하자고 하였다. 오산과 서겸이 이 제안을 수용하여 한중 협력조직이 만들어지게 되었다.

한국과 중국이 협력하여 혁명운동을 함께 하는 조직의 이름은 중한호조회中韓互助會 또는 중한호조사라고 하고, 자금은 주로 중국인 유혈륜喩血輪이 조달하기로 하였다. 창립 총회에는 한국과 중국의 각계 인사 1천여 명이 참석하여 성대하게 치러졌다. 총회에서는 조직부서와 사업 방향 등이 정해졌다. 1920년 10월에 상해에서 출범한 중한호조회는 계획했던 대로 다른 지역에서도 조직되었다. 1923년에는 중국 동북지역에서도 중한호조회가 조직되었다는 기록이 발견된다. 이후 중한호조회는 심산이 중국 지역에서 벌인 독립운동을 지속적으로 지원하는 조직이 되었다. 심산은 중한호조회 조직의 오산과 유혈륜이 특히 중요한 역할을 했다고 평가했다.

심산은 상해에서 중국 혁명의 지도자 손문을 만나 한국의 독립운동에 대한 지원을 약속받았고, 그것을 구체화하기 위해 광주를 방문하여 중국의 광동군정부 지도자들과 회담을 하였다. 여기서 한국독립후원회가 조직되어 자금을 모집하고, 한국 유학생들의 광동 유학에 대한 지원을 이끌어냈다. 그러나 광동군정부의 내란과 이문치와 이완의 모금액 횡령 사건 때문에 한국독립후원회로부터 독립운동 자금을 지원받지 못하였다.

그러나 상해에 돌아온 후 공교회 관계자 임복성과 만나 한국과 중국의 혁명을 지원하는 사민일보사라는 언론사를 조직해 냈고, 오산 및 서겸과 만나 중한호조회를 조직하였다. 이로써 당시 임시정부 지도자들이 유림단 대표 김창숙에게 기대했던 대중국 외교 활동에서는 의미 있는 성과를 거둔 셈이었다.

북경에서의 활동

1920년 11월 심산은 상해에서 북경으로 활동 무대를 옮겼다. 그 첫 번째 이유는 무엇보다도 국내와 연락하기 위해서는 상해보다는 북경이 편리했기 때문이었다. 심산의 대중국 외교 활동으로 중한호조회를 조직하는 성과를 거두었으므로 이제는 국내와의 연결망을 확보하고 이를 통해 지속적으로 독립운동자금을 모집할 필요가 있었다. 그의 대중국 외교가 일정한 결실을 거둘 수 있었던 것은 그에게는 국내 유림의 대표성이 있었기 때문에 가능한 것이었다. 따라서 국내의 유림 조직을 효과적으로 작동할수록 독립운동은 더욱 의미 있는 성과를 거둘 수 있는 것이었다.

상해에서 북경으로 옮긴 두 번째 이유는 신채호와의 인연이다. 심산은 북경에서 1920년 11월부터 한 달 정도 머물렀는데, 윤중수尹中洙의 집에서 신채호 및 족제 김창돈金昌敦과 함께 생활하였다. 신채호는 임시정부 초기부터 이승만이 미국에 위임통치를 청원한 전력이 있다는 이유로 그의 국무총리 선임을 반대하였다. 그리고 1919년 통합 임시정부가 출범하면서 이승만을 대통령으로 추대하려는 움직임이 있자 이승만 성토운동을 본격적으로 전개하였다. 이러한 이유로 신채호는 1919년 8월 임시의정원 의원에서 해직되었으며 임시정부 비판의 선봉에 섰다. 심산도 신채호가 임시의정원 의원에서 해임될 때 같이 해임되었다. 그러나 이때는 심산이 광동에 있었으므로 해임 이유가 신채호와 동일하다고는 볼 수 없을 것이다.

심산은 북미에서 온 교포들을 통해 1919년 2월 이승만이 미국 대통령에게 위임통치를 청원한 사실을 뒤늦게 알았다. 심산이 이 일을 알게 된 것은 광동에서의 일이 마무리되어 상해로 돌아온 1920년 8월 전후일 것으로 생각된다. 이때 그는 상해에서 박은식과 함께 생활하고 있었다. 그래서 이승만의 위임통치 청원 건에 대해서는 박은식 등과 행동을 같이 하게 된 것으로 생각된다. 심산은 박은식, 신채호 등과 함께 "이 박사가 조선 민족대표라 자칭하고

신채호

미국의 노예가 되기를 원한 것은 우리 광복운동사상에 큰 치욕이라"고 여기고 이 박사에게 청원서를 취소하고 국민에게 사과할 것을 요구하는 편지를 보냈다. 이에 대한 이승만의 답이 없자, 심산은 박은식, 신채호 등과 함께 이승만 성토 운동에 참여하였던 것이다.

신채호는 상해에서 신대한동맹단新大韓同盟團을 조직하고 잡지 《신대한新大韓》을 발간하면서 이

《신대한新大韓》 제1호 (1919. 10. 18)

승만 성토와 임시정부의 외교론 중심의 정책에 대한 반대
여론을 주도하였다. 그런데 그는 임시정부 지지 세력의
압력으로 1920년 4월 북경으로 옮겨 활동하고 있었다. 이
후 북경은 상해 임시정부의 외교론을 비판하면서 국내 및
만주 지역과 연계하여 무장투쟁 노선 중심의 독립운동을
지향하는 세력들의 거점이 되었다. 이러한 분위기 속에서
심산이 1920년 11월 북경으로 거취를 옮겼고, 북경에서
신채호와 함께 생활하게
되었던 것이다.

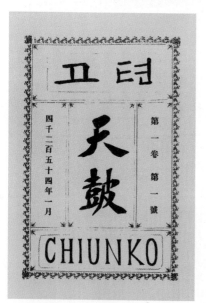

《천고天鼓》제1권 제1호(1921.01)

따라서 심산의 북경행
은 신채호 등과 함께 국
내와의 긴밀한 연계를
통해 새로운 독립운동
방안을 모색하기 위한
노력의 일환으로 이루어
진 것이었다. 심산은 북
경에 도착하자 신채호가
박숭병朴嵩秉과 공동 운
영하는 잡지 《천고天鼓》
를 같이 만들자는 제안

을 받아들여 함께 일을 하였다. 심산은 신문이나 잡지 편집 경험이 없었기 때문에 매사를 신채호와 협의하여 처리하였다. 성질이 급한 단재와 달리 심산은 느린 편이어서 서로 보완이 되었다고 한다. 《천고》는 중국인도 읽을 수 있도록 순한문으로 간행하였는데, 임시정부의 외교 독립 노선을 비판하고 한중연대와 무장독립운동 노선을 견지하고 있었다.

심산은 유림단 대표로서 중국의 광동군정부와의 외교 활동에 주력하여 일정한 성과를 거두기도 했지만, 뚜렷한 한계도 역시 확인하였다. 무엇보다도 한국인 스스로의 독립운동 역량을 키우는 것이 급선무임을 깨닫게 되었다. 따라서 그는 신채호와의 인연도 있지만, 자신의 강점이었던 국내 유림 조직과의 연결에 유리한 북경으로 활동 무대를 옮기게 된 것이다. 따라서 그는 북경에서 신채호와 함께 독립운동의 새로운 방향을 제시하는 동시에 이기일 李基一을 국내로 잠입시켜 국내의 여러 동지들에게 편지를 전하도록 하였던 것이다.

북경에서 한 달 정도 활동한 뒤인 1920년 12월에는 다시 상해로 와서 박시창을 경남과 경북 지방으로 보냈다. 또 박은식과 협의하여 기호 지방에 사람을 보내어 동지들에게 자금을 구하도록 하였다. 1920년 말 심산은 북경과 상해를 오가면서 국내에 사람을 보내어 국내 동지와의 연락을 도모하면서 자금을 마련하는 일을 추진했던 것이다.

1921년 2월 심산은 상해에서 다시 북경으로 왔다. 그리고 심산은 박은식, 원세훈元世勳, 왕삼덕王三德, 유예균劉禮均 등 14인의 명의로 발표된 〈우리 동포에게 고함〉이라는 성명서에 서명하였다. 국민대표회의 소집을 요구한 이 성명서에서는 첫째, 전국민의 의사에 의한 통일적인 강고한 정부를 조직하고, 둘째, 중의를 모아 독립운동의 가장 좋은 방침을 마련하자고 제안했다. 그러면서 현재의 임시정부는 많은 한계를 갖고 있고, 북경과 상해 등지에서 개혁에 대한 요구가 높다고 하였다. 이 성명서에서 알 수 있듯이 심산은 임시정부의 한계를 극복하고 새로운 통일적 독립운동의 방향을 모색하는 운동에 찬성하는 입장이었다.

이때 북경에서는 박용만이 보합단普合團이라는 독립운동 단체를 조직하였다. 보합단은 여러 독립운동 단체들을 통일한 단체라는 뜻으로 '대한민국군정부'를 표방하였다. 그리고 무장 독립운동 노선을 채택하여 상해 임시정부의 외교 독립노선과 차별화를 꾀하였다. 보합단 관련 자료에서 심산은 재무 책임을 맡은 것으로 나와 있다. 유림단 대표로서 국내의 조직망을 통해 독립운동 자금조달 업무를 담당하기를 기대했기 때문이었을 것이다. 1923년 심산은 보합단의 부단장을 맡았다.

박용만은 보합단을 조직하는 것과 함께 1921년 4월 북경에서 군사통일주비회軍事統一籌備會를 개최하였다. 여기에는 국내외 10여 개의 무장 독립운동 단체가 참여하였는데, 심산 등이 요구한 국민대표회의 소집을 지지하면서 임시정부 불신임안을 결의하고, 임시의정원 해산을 요구하였다. 군사통일회의를 주도한 박용만과 천도교의 신숙은 심산에게 참여를 부탁하였다. 보합단에서 김창숙은 간사로 선임되었다. 그러나 심산은 회고록에서 신숙과 박용만을 직접 만나 대화를 해 본 후, 그들의 언행에 대해 신뢰할 수 없다고 생각하여 군사 단체에는 관여하지 않겠다는 이유로 참여를 거절하였다고 하였다.

군사통일주비회가 진행될 때인 1921년 4월 신채호는 이승만의 위임통치 청원을 비판하고 그러한 이승만을 대통령으로 추대한 상해 임시정부를 비판하는 성토문을 작성하여 지지자들의 서명을 받았다. 심산은 신채호가 주도한 이승만 성토문에는 뜻을 같이하여 서명하였다. 이 성토문에서 심산과 신채호를 비롯한 54인의 서명자는 미국에 위임통치를 청원한 이승만과 정한경鄭翰景 등이 조국을 '미국의 식민지'로 만드는 '매국'·'매족' 행위를 했으므로 성토 또는 주토誅討한다고 하였다. 그리고 '매국' 행위를 한 줄 알면서도 대통령으로 선거한 안창호의 죄도 중대하다고 하였다. 끝으로 이승만과 정한경 등의 위임통치 청원은 2천만 국민을 대표한 것이 아니라 개인적 행위에 불과하므로 무효임을 성명하기로 결의한다고 하였다. 이에서 보듯이 심산은 신채호와 같이 이승만이 독립운동에 반하는 행위를 하였기 때문에 대한민국 임시정부의 지도자가 될 자격이 없으므로, 그를 대통령으로 선거한 임시정부도 잘못되었다고 보았다.

1921년 5월 상해로 왔던 이승만은 임시정부를 중심으로 한 독립운동 진영의 통일이 어렵게 되자 미국으로 돌아갔다. 그리고 국무총리 이동휘는 소련 정부로부터 받은 지원금 사용문제로 비난을 받자 국무총리직을 사임하고 러시아로 돌아갔다. 이렇게 대통령과 국무총리가 상해를 떠나자 임시정부의 위상과 역할이 크게 위축되었다. 이와 함께 중국 지역 독립운동 진영에서는 이념, 지역, 독립운동 노선을 둘러싸고 서로 대립하고 분열된 모습이 나타났다.

이후 독립운동의 통일적 지도력을 어떻게 확립할 것인

가가 주요한 과제로 대두되었다. 중국 관내 지역에서는 독립운동 진영의 통일적 지도력 확립 방안에 대한 논의는 국민대표회의를 중심으로 전개되었다. 심산은 1921년 2월 모든 독립운동 단체의 대표들이 모여 독립운동의 통일적 지도 방안에 대해 중의를 모아보자는 취지로 국민대표회의 소집을 요구하는 성명에 서명했다. 이후 임시정부의 주요 지도자들이 임시정부을 떠나 임시정부의 지도력이 약화되면서 국민대표회의에 대한 요구는 커져갔다. 드디어 1923년 1월 상해에서 국내외 160여 개 독립운동 단체가 참여한 국민대표회의가 개최되기에 이르렀다.

국민대표회의의 주요한 쟁점은 앞으로 임시정부를 어떻게 할 것인가로 모아졌다. 창조파는 기존의 임시정부를 해체하여 새로운 정부를 구성하고 신정부를 러시아에 두자고 주장하였다. 개조파는 상해 임시정부 자체를 유지하면서 개혁하자는 입장을 견지하였다. 이에 대해 일부 임시정부 인사들은 국민대표회의를 부정하면서 기존의 임시정부을 그대로 유지하고자 하였다.

국민대표회의 소집을 최초로 요구하는 데 참여했던 심산은 1923년 1월 개최된 국민대표회의에는 참여하지 않았다. 그는 국민대표회의 주최 측에서 여러 차례 참가를 요청했음에도 불구하고, 임시정부를 비판하거나 부정하는 창조파가 주도하는 것이라고 보고 참가하지 않았다. 창조론은 오히려 독립운동 진영을 분열시키는 결과가 될 것이라고 보았다. 그는 독립운동 진영을 통일하고, 이렇게 통일된 세력이 기존의 임시정부을 개혁하는 것이 바람직하다고 생각한 것이다. 따라서 그는 창조파들이 국민대표회의에서 국민의회를 조직하고 그를 국민대의원으로 선출했음에도 이를 수락하지 않았다. 창조파들이 블라디보스토크에 새로운 '한' 정부를 수립하고 함께 러시아로 가자고 권유했지만, 심산은 거부하였다.

국민대표회의는 창조파와 개조파의 대립으로 결렬되고 말았다. 임시정부의 활동도 크게 위축되었다. 1920년대 중반 독립운동은 전반적으로 침체기에 접어들었다. 독립운동가들은 최소한의 생활조차도 유지하기 어려운 상황이 되었다. 독립운동은 차치하고 어렵고 힘든 상황에서도 독립의 의지와 희망을 버리지 않고 견디는 것 자체가 의미 있는 일이 되었다.

심산과 5년 동안 상해와 광동에서 함께 활동했던 한 동지는 어려운 생활을 견디다 못해, 독립운동 자금을 국내에서 마련하기 위해 위장 귀순하는 방법을 생각해 내기도 했다. 이러한 제안에 대해 심산은 다음과 같은 말로 잘못을 꾸짖었다.

"공리功利를 도모하다가 도의를 저버리는 죄를 범하는 어리석음을 범하지 말라. 만약 도의를 저버리는 죄를 범하게 되면 소위 공리라는 것도 결국은 얻지 못할 것이다. 귀순한 자에게 누가 돈을 주며 누가 돈을 받겠는가?"

심산에게도 독립운동을 포기하고 귀국하여 편안한 삶을 영위하라는 유혹의 손길이 뻗쳐 왔다. 1922년 봄 월남月南 이상재李商在가 만국기독교청년대회에 참석하기 위해 북경에 와서 김달하金達河의 집에 묵고 있었다. 심산이 이상재를 만나기 위해 찾아갔다가 김달하를 알게 되었다. 그는 김달하가 해박한 지식을 갖고 있어서 경전과 사서에 대해 함께 토론하는 것이 즐거워서 자주 만나 친해지게 되었다. 그런데 어느 날 김달하가 독립운동가들의 파벌 투쟁으로 독립운동이 불가능하다고 슬프게 울더니, 되지도 않을 독립운동하면서 고생하지 말고 귀국하라고 심산에게 권유하였다. 그는 이미 조선총독부에 이야기를 해놓았다고 하면서 심산이 귀국하면 경학원 부제학 자리를 할 수 있다고 하였다. 이 말을 듣고 심산은 김달하에게 밀

정이라는 소문이 사실이라고 하면서 그를 내치고 돌아와
서 그가 밀정임을 세상에 널리 알렸다.

이 일이 있고난 며칠 뒤에는 교분이 두터운 일가 사람
으로부터 심산에게 편지가 왔다. 편지는 귀순을 권고하는
내용인데, 총독부 경무국에서 경북경찰서에 지시하여 일
가로 하여금 보내게 한 것이다. 귀순하면 경무국에서 집
을 새로 지어주고 토지도 제공하여 생활을 보장해 줄 것
이며, 그 동안의 범죄는 불문에 부치겠다는 것이었다. 이
편지를 받고 심산은 분노가 치밀어 올라 집에 편지를 보
내 그 사람과 절교하도록 하였다.

심산은 국망 이후 수년 동안 유교 공부를 하면서 치국
평천하의 요체는 인욕을 막고 천리를 보존하는 것임을 깨
달았다고 했다. 이때 쌓았던 공력은 그의 평생 자산이 되
었다. 조국을 떠나 독립운동을 하면서 수많은 실패를 겪
었으며, 생사를 넘나드는 어려움과 고통을 겪었다. 그때
마다 그는 개인의 사사로운 욕망을 없애야 천하의 도리를
지킬 수 있다는 성현의 교훈을 되새겼다. 도리를 지키고
의리를 실천하는 것이 참된 선비가 사는 길이라는 유교적
가치에 대한 굳은 믿음이 있었기에 어려운 현실에 굴복하
지 않고 달콤한 유혹을 단호하게 떨쳐 버릴 수 있었다.

독립전쟁 준비 방략의 채택

심산은 중국 관내 독립운동 진영이 직면한 당파와 이념적 대립과 분열을 어떻게 극복할 수 있을 것인지 고민하였다. 이를 위해 그는 당시 청년 학생들 사이에서 크게 유행하고 있었던 마르크스주의와 무정부주의에 대해 관심을 갖고 살펴보았다. 공산주의는 이동휘를 통해 접해 보았는데, 레닌의 독립운동 자금 횡령문제로 그에 대해 신뢰감을 갖지 못했다. 그리고 공산주의가 유입되면서 민족주의와 대립하게 되어 독립운동 진영의 분열 요인이 되었다고 보았다. 또한 마르크스와 레닌의 공산주의 학설, 바쿠닌과 크로포트킨의 무정부주의 학설을 읽어보았지만, 취미가 맞지 않았다. 따라서 독립운동가들이 사상과 이념에 따라 파당을 짓고 이론투쟁을 벌이는 것에는 관여하지 않았다.

1920년대 심산의 주요한 관심은 이론과 논쟁이 아니라 실질적인 투쟁이었다. 그의 실천에 대한 강조는 20대에 유학을 공부할 때도 마찬가지였다. 그는 당대 유학자들이 성리학의 이론 논쟁에만 머물러 있는 것을 비판하고 항상 위기에 처한 국가를 구하기 위한 사회적 실천을 주장했다.

그와 마찬가지로 그는 독립운동에서도 사상과 이념투쟁이 아니라 일본에 대한 실질적 투쟁에 관심을 기울였다.

심산은 상해에서 북경으로 활동 무대를 옮겨 국내와 긴밀히 연계한 실질적인 독립운동 방법을 모색했다. 그는 1921년 6월 박용만이 주도하여 여러 독립운동 단체를 통합해 북경에서 결성한 보합단에 참여하였다. 무장독립운동 노선을 내세운 보합단에서 심산은 초기에는 재무부 책임을 맡았다가 1923년 11월에는 부단장을 맡았다. 뿐만 아니라 그는 만주 지역의 여러 무장독립운동단체들과 도 연계를 맺고 활동하였다.

이상룡

1923년 4월에는 이상룡이 이끄는 서로군정서 군사위원장이 되었고, 1924년 봄에는 참의부의 군사고문에 추대되었다. 그러나 이러한 단체들은 독립운동가들을 조직화하고 선전 및 홍보하는 활동에 중점을 두었다. 확고한 재정적 기반과 실질적인 군사력을 갖추지 못했고, 국내와의 연결도 원활하지 못했기 때문에 직접적인 항일 투쟁활동을 전개하지 못했다. 게다가 심산이 중심이 되어 조직한 단체도 아니어서 그가 실질적인 지도력을 발휘하기에는 한계가 있었다.

1920년대 중반 이후 중국 관내 독립운동이 뚜렷한 성과를 거두지 못하자, 심산을 비롯한 독립운동가들 사이에서는 새로운 돌파구를 찾으려는 노력이 나타났다. 그 과정에서 장기적으로 활용할 수 있는 독립운동 근거지를 마련하여 독립전쟁을 준비하는 방략이 대안으로 제시되었다. 이러한 방안을 실천하기 위해서는 무엇보다도 신뢰할 만한 동지를 확보하는 일이 필요했다.

1920년대 중반 심산은 많은 독립운동 지사들이 위험과 고통을 이겨내지 못하고 중도에 포기하고 귀국하거나, 개인과 당파적 이해에 좌우되어 정도를 벗어나는 사람들을 많이 목격하였다. 그는 회고록에서 귀순한 자, 변절한 자, 파벌을 조장한 자 등에 대한 자세한 기록을 남겼다. 그런데 어려움에 닥쳐야 진정한 친구를 알 수 있다는 말이 있듯이, 이때에 믿고 함께 일할 수 있는 동지를 만나게 되었다.

그는 《자서전》에서 1924년 겨울 북경에서 만난 우당友堂 이회영李會榮에 대해 다음과 같이 말하였다.

"우당 이회영은 곧 성재 이시영의 형이다. 가족을 데리고 북경에 우거한 지 여러 해가 되었다. 생활 형편이 극난한 모양이었지만, 조금도 기색을 나타내지 않아 나는 매우 존경하였다."

1924년 북경에 머무를 때 이회영 등과 찍은 사진 ⓒ심산기념관
앞줄 왼쪽에서 첫 번째 김창숙, 세 번째 이회영.

하루는 심산이 이회영 집을 찾아가 함께 공원에 나가 산책하자고 하였는데, 이회영이 입고 나갈 옷이 없어서

거절하였다. 이를 알고 심산이 이회영의 아들 이규학李圭
鶴을 통해 땔감과 식량과 전당포에 맡긴 옷을 전해 주었
다. 이회영이 이러한 사실을 알고 사의를 표했는데, 심산
이 어려운 사정을 자신에게 이야기하지 않아 섭섭함을 표
시하였다. 이에 서로 한바탕 웃었는데, 이 일이 있은 뒤로
두 사람의 우의는 더욱 돈독해졌다고 한다.

심산은 이회영에 대한 신뢰가 쌓이자 평소 생각하고 있
던 근본적이고 장기적인 독립운동 방략을 다음과 같이 제
안하였다.

"독립운동의 전도前途는 해와 달로 성취를 기약하기 어
렵습니다. 만약 일본 세력이 미치지 못하는 열하熱河나 차
하르[察哈爾] 등지에 황무지인데 경작이 가능한 땅을 얻는
다면, 만주의 동포들을 이주시켜 살게 하고 가르쳐서 실
력을 양성하였다가 때를 기다려 움직이는 것이 지금 우리
로서는 실로 상책이라 하겠습니다."

심산은 만주 지역은 일본에 우호적인 군벌이 지배하고
있기 때문에 독립운동 기지로 활용하기 어렵다고 보고, 일
본 세력이 미치지 않는 중국의 서북부인 만몽 국경지대에
독립군 기지를 건설할 계획을 제안했다. 그러자 이회영은

먼저 중국인들에게 먼저 땅을 빌리는 것이 급선무라고 하면서 심산에게 아는 중국인을 만나 협의해 보라고 하였다.

심산이 중국인 참의원 이몽경李夢庚을 만나 황무지 개간 문제를 협의하니, 이몽경은 한국과 중국의 혁명을 위한 좋은 제안이므로 중국 측이 협조하지 않을 이유가 없다고 하였다. 다만 열하와 차하르 지역을 지배하고 있는 풍옥상馮玉祥과 접촉해야 되는데, 그는 국민당정부의 서겸과 아주 친한 사이임을 알려주었다. 서겸은 심산이 상해에서 중한호조회를 조직할 때부터 알고 지내던 중국 국민당 정부 실력자였다. 심산은 이몽경과 함께 서겸을 찾아가 풍옥상과 협의하여 황무지 개간권을 얻어줄 것을 부탁하였다. 이에 서겸은 풍옥상과 협의하여 심산 등에게 황무지를 개간할 수 있는 허락을 받아냈다. 그러나 풍옥상은 열하와 차하르에는 적당한 땅이 없으므로 내몽골 지역의 만몽국경에 위치한 수원綏遠과 포두包頭 등지의 약 3만 평의 대지를 제공해주겠다고 약속하였다.

1925년 심산은 자신이 생각한 대로 일본 세력이 미치지 않는 만몽 국경 지대에 황무지를 빌리는 데는 성공하였다. 황무지 개간을 위해서는 자금이 필요하여 동지들과 의논했으나 특별한 방법이 나오지 않았다. 국내로 사람을 보내 자금을 모집한다 해도 적당한 사람을 물색할 수 없었다. 그런데 마침 면우 곽종석의 문집 간행사업을 위해 유림들이 서울에 집결해 있다는 소식을 듣게 되었다. 그는 이 기회를 활용하기로 했다. 그러기 위해서는 자신이 직접 서울로 가는 것이 가장 효과적이라고 판단했다.

심산은 독립군 군자금 모집을 위한 사업에 참여할 동지들을 물색했다. 그는 1924년 7월 국내에서 북경으로 와 유학하고 있던 송영호宋永祜, 이봉로李鳳魯, 김화식金華植을 떠올렸다. 송영호는 1925년 당시 23세의 경북 영주 출신의 청년으로 북경학원 중등과를 다녔다. 경북 달성 출신의 이봉로와 봉화 출신의 김화식도 각각 24세와 23세의 청년이었는데, 1924년 4월에 국내에서 북경으로 와서 공부하고 있는 학생들이었다. 경상북도 출신의 이들 세 유학생은 북경에서 심산 김창숙의 집을 자주 방문하여 경전에 대한 가르침을 받으면서 구국의 의지를 다졌다. 심산은 이들 3인의 청년 유학생들이 소탈하고 진실했기 때문에 믿고 의지하면서 아꼈다.

심산은 이들 3명의 청년 동지들과 1925년 4월부터 7월까지 4차례에 걸쳐서 독립운동 추진 방안에 대해 논의하였다. 모이는 장소는 심산의 숙소나 송영호와 김화식이 머물러 있던 중국인 여관이었다. 4월의 1차 모임에서는 황무지 개간을 통하여 경제적으로 자립하고, 무관학교를 설립하여 독립군을 양성하여 10여 년 동안 준비한 후 때를 보아 국내 진공작전을 감행한다는 독립전쟁 준비의 전체적 방향을 확정하였다. 5월 말의 2차 모임에서는 국내에서의 군자금 모집 계획을 구체화했다. 자금 모집 대상자를 파리장서 서명자 130명으로 특정하고 20만 원을 목표 금액으로 정했다. 5월 중순의 3차 모임에서는 북경 근교에 있는 석경산 주변의 미간지를 구입 대상지로 정하였다. 교통이 편리하고 값이 저렴하다고 보았기 때문이다. 6월 말의 4차 모임에서는 모금 대상을 영남 지방 유림으로 축소하되, 필요한 경우 무기를 사용한다는 방침을 정하였다. 독립군 자금 모금을 거부하는 친일부호를 처단하여 모금의 효과를 높이기 위한 것이었다.

심산은 이러한 회의를 진행하면서 1925년 5월 초 이봉로를 상해로 보내 무기를 구해오라고 하였고, 6월 말에는 송영호를 국내로 침투시켜 사업 진행에 필요한 경비를 미리 조달하도록 하였다. 계획한 대로 송영호는 국내에서 자금을 구하여 7월에 두 차례에 걸쳐 600원을 국내에서 송금하였으며, 이봉로는 8월 모젤식 자동 권총 2정과 탄환 25

발을 구해 북경으로 돌아
왔다. 이에 심산은 김화식
에게 권총과 탄약, 그리고
박은식이 지은《한국독립
운동지혈사》5권을 주면서
국내로 가도록 조치하였
다. 그리고 이봉로는 북경
에 남아 정보를 수집하면
서 국내외를 연결하는 임
무를 수행하도록 하였다.

심산은 청년 동지들에
게 각각의 임무를 부여한
1925년 8월 초 북경을 떠
나 하얼빈으로 갔다. 그는

《한국독립운동지혈사》(1920)

자신의 계획을 오직 신채호에게만 말했다. 17살의 아들
환기煥基에게는 신채호에게 가서 공부하도록 하면서도 비
밀로 하였다. 심산은 하얼빈에 10여 일 동안 머물다가 남
루한 농민의 옷으로 변장한 후 기차로 안동까지 이동하고
안동에서 도보로 신의주 철교를 건넜다. 신의주에서는 기
차를 타고 이동하여 서울에 도착했다.

국내에서의 군자금 모집 활동

1925년 9월 서울에 도착한 심산은 적선동 68번지에 숙소를 정하고, 송영호와 김화식을 불렀다. 그는 관훈동에 있는 면우집 간행소로 두 사람을 보내 곽종석의 조카 곽윤과 김창숙의 족숙 김황을 초치招致하고, 비밀리에 입국하게 된 경위를 설명하였다. 그리고는 곽윤을 경북, 김황을 경남으로 보내 친척과 지인을 통해 연락하도록 하였다. 김화식을 경주로 보내 정수기를 오도록 하여 그로 하여금 경남과 경북에 내려가도록 하였다. 손진수와 손후익 부자는 교대로 찾아와 협력하였다.

심산은 일본 경찰의 감시를 피해 금강산을 유람하는 것처럼 위장하고 피신했다가 10월에 다시 서울로 돌아왔다. 지방에 다녀온 사람들이 와서 보고하는 내용은 국민의 사기가 죽어서 냉정히 거절하거나 겁이 나서 거절하거나 하는 경우가 대부분이며 모금에 응한다고 하더라도 몇 사람의 여비 정도에 불과하여 큰 성과가 없다는 내용이었다. 이에 심산은 좀 더 극단적인 방법을 사용해서라도 모금의 성과를 거두고자 하였다. 그래서 10월 하순 낙원동 134번지 평양옥의 숙소에서 김창숙, 김화식, 송영호, 곽윤, 김황, 손후익, 하장환 등이 모여 신건동맹단新建同盟團이라는 단체를 조직하였다. 신건동맹단에서 심산은 총지휘를 맡았는데, 모험단과 모집단이라는 두 개의 부서를 두었다. 모집단은 군자금 모집을 맡은 부서로 담당 지역 1개소에서 1천 원 이상을 요구하고, 불응할 때에는 모험단이 위협하여 모금을 독려하기로 하였다. 모집단 부서에는 국내 인사들이 배치되었다. 모험단은 권총으로 무장하여 친일 부호를 처단함으로써 군자금을 좀 더 효과적으로 모집할 수 있는 분위기를 조성한다는 것이었는데, 북경에서 온 김화식과 송영호에다가 국내의 정수기가 맡았다.

11월에는 심산이 직접 대구로 내려와 군자금 모집을 독려하였다. 대구에서는 족숙 김헌식金憲植, 매부 이영로李泳魯와 이수기李壽麒, 홍묵洪默, 이동흠李棟欽과 이종흠李棕欽 형제, 정수기, 송영호, 김화식 등을 경상도의 각 지역으로 보내면서 편지를 써 주었다. 그렇지만, 이번에도 소기의 성과를 거두지 못하였다. 신건동맹단을 결성하여 모험단이 권총을 사용하여 협박한다고 하더라도 전문적인 훈련을 전혀 받지 않은 유생이거나 학생들이라 위협적인 공포 분위기를 조성하지 못했다. 유교적 도리와 조국에 대한 충성심에 호소하면서 개인적 양심에 따라 모금을 호

소하는 데 머물렀다. 따라서 모금에 응하지 않는 자가 십
중팔구였다.

심산은 대구에 오래 머물렀기 때문에 경찰의 감시를 피
해 자동차를 타고 울산으로 갔다. 그런데 가는 도중 언양에
서 자동차가 전복되는 바람에 심산은 허리를 크게 다쳤다.
그는 울산 손진수의 집에서 수십 일 동안 치료할 수밖에 없
었다. 거기에다가 일본경찰이 사방으로 정탐하고 수색망을
좁혀 오기 때문에 빨리 국외 탈출을 해야 하는 상황이 되었
다. 각지와의 연락도 끊어지고 모금액도 목표에 턱없이 부
족하였다. 이에 심산은 결단을 내리기 위해 정수기, 송영
호, 김화식에게 전보를 쳐서 급하게 오도록 하였다.

의열투쟁 방안 채택

심산은 1926년 2월 잠시 사돈 이재락李在洛에 머물면
서 딸과 사위 이동립李東立을 만나고 손후익, 이석강李錫
强과 함께 동래의 범어사로 가서 금강암에 묵었다. 그리고
는 사람들을 불러 모아 3월 3일 마지막 회의를 개최하였
다. 이날 회의에는 심산을 비롯하여 이재락, 이석강, 손후

익, 정수기, 송영호, 김화식, 김창백 등이 참석하였다. 이 날 회의에서는 모금한 돈 3,350원을 중국으로 옮길 사람으로 마산에 사는 무역상이며 심산의 족제 김창탁金昌鐸을 선정하였다. 그리고는 자신의 심정과 앞으로의 계획을 다음과 같이 말하였다.

"내가 이번 위험을 무릅쓰고 들어온 것은 나라 사람들이 호응해 줄 것을 진심으로 기대했던 것이오. 전후 8개월 동안 겪고 보니 육군大軍이 북을 쳐도 일어나지 않을 지경이고 방금 왜경이 사방으로 깔려 수사한다니 일은 이미 낭패되었소. 나는 실로 다시 압록강을 넘어갈 면목이 없지만 한번 실패로 다시 일어나지 못하는 것도 혁명가의 일이 아닙니다. 나는 장차 여장을 꾸려서 밖으로 나가 해외 동지들과 함께 재기할 방법을 모색할 것이오. 지금 내가 가지고 나가는 자금으로는 황무지 개간사업을 거론하기도 만 번 어려울 것이니, 서겸을 다시 만날 면목이 없소이다. 출국하는 대로 당장 이 돈을 의열단 결사대의 손에 직접 넘겨주어 왜정 각 기관을 파괴하고 친일 부호들을 박멸하여 우리 국민들의 기운을 고무시킬 작정이오. 국내에 계신 동지 여러분이 만약 그 기회를 잡아 일제히 일어나면 누가 감히 혁명가의 호령에 응하지 않겠습니까?"

심산의 당초 계획은 20만 원을 마련하여 황무지를 개간하고, 그곳에서 10년 동안 독립군을 양성하고 훈련시킨 뒤 국내 진공 작전을 펼치겠다는 원대한 것이었다. 그러나 국내에 잠입해 유림들과 접촉하여 그들로부터 거둔 자금은 3,350원에 지나지 않았다. 이렇게 적은 금액으로 독립군 기지 건설은 불가능하다고 판단했다. 게다가 국내의 여러 인사들을 만나 군자금 모집을 하는 과정에서 국민의 사기가 죽어 있고, 독립운동에 비협조적인 친일부호들이 많다는 사실을 뼈저리게 확인하였다. 이에 소규모의 자금으로 가능하면서도 국민의 의식을 충격적으로 환기할 수 있는 방법으로 의열단과 연계한 의열투쟁의 방법을 제안한 것이다. 심산의 이러한 제안에 대해 참석자 모두 동의하였다. 그리고 그는 송영호와 김화식을 국내에 남도록 하였다. 그들로 하여금 이날 회의에 참석한 국내 인사들과 함께 연락망을 구축하여 장차 큰일을 도모하도록 하였다.

1926년 3월 15일 김창숙의 명에 따라 손후익이 마산으로 가서 독립운동 자금의 운반을 하겠다는 김창탁의 응락을 받았다. 이에 3월 19일 삼랑진역에서 만나 심산은 김창탁에게 3,350원을 건네면서 중국 봉천에서 다시 만나 돌려받기로 하였다. 3월 22일 밤 9시 삼랑진역에서 두 사람은 함께 열차를 타고 상경하였다. 3월 24일 서울에 도착한 심산은 관훈동 중국요리집 홍춘원에서 송영호와 김화식을 만나 "숙련된 의열단원과 제휴하여 다수의 폭탄과 권총을 구입하여 독립군 자금 모집에 불응한 부호들을 떨게 만들어야 한다."는 취지로 계획을 이야기하였다. 이틀 후인 26일 열차 편으로 서울을 떠났다. 그는 압록강을 건너 안동을 지나 봉천에 도착하였고, 여기서 김창탁으로부터 돈을 받았다.

심산이 봉천에 도착했을 때 만주 군벌 장작림張作霖과 풍옥상馮玉祥 사이에 전쟁이 벌어졌다. 교통편이 여의치 않아 여러 날 지체되었고, 천진에서 북경으로 가는 육로가 막혀서 천진에서 배를 타고 상해에 도착하였다.

1926년 5월 상해에 도착한 심산은 김두봉金枓奉 집에 머물면서 이동녕, 김구, 류자명柳子明 등을 만났다. 심산은 이동녕과 김구에게 은밀하게 국내의 인심이 죽어 있기 때문에 자신이 가져온 자금을 청년 결사대에게 주어서 무기를 갖고 일제 식민지 기관을 파괴하고 친일 부호를 처단하여 국민의 사기를 고취할 것을 제안하였다. 심산의 제안에 두 사람이 찬성하였다. 그리고 김구는 결사대원으로 나석주羅錫疇와 이승춘李承春을 추천하면서 그들이 지금 천진에 있고, 천진에는 의열단원이 많이 있으니 류자명과 함께 천진으로 갈 것을 권유하였다. 심산은 류자명이 거사에 참여할 뜻을 나타내자 자금을 주어 무기를 구입하도록 하였다.

심산은 류자명과 함께 구입한 무기를 갖고 북경에 가서 신채호와 아들을 만난 후 천진으로 갔다. 천진에서 류자명을 통해 의열단원 한봉근韓鳳根을 소개 받아, 나석주와 이승춘을 만났다. 심산은 이들에게 김구의 소개 편지를 건네고 계획을 이야기하였다. 나석주와 이승춘은 "우리들은 한 번 죽기로 진작 결심하였으니 어찌 즐겨 가지 않겠습니까?"라며 흔쾌하게 수락하였다.

이렇게 해서 1926년 7월 21일 천진에서 심산은 류자명, 한봉근, 나석주, 이승춘과 만나 회의를 한 결과, 류자명, 한봉근, 나석주, 이승춘 4인이 국내에 잠입하여 거사를 하기로 하였다. 심산은 나석주 등에게 무기와 자금을 건네주면서 "제군이 용감하게 의리를 취하는 그 의용義勇은 다른 날 독립사에 빛날 것"이라고 격려하였다.

심산은 한봉근에게 400원을 주어 권총 7정과 실탄 490발을 구하도록 했다. 폭탄은 북경에서 신채호로부터 건네받은 2개를 사용하도록 하였다. 그리고 활동 자금으로

1,100원을 건네주었다. 류자명, 한봉근, 나석주, 이승춘 4
인은 위해위로 가서 배를 구하여 입국하려고 하였으나 배
를 구하지 못하였다. 일이 늦어지자 심산은 위해위로 가
서 나석주 등을 만나 대책을 논의하였다. 그 결과 먼저 나
석주 단신으로 무기를 갖고 입국하도록 하고 이승춘과 한
봉근은 위해위에서 대기
하도록 하였다.

심산 김창숙의 지시를
받은 나석주는 1926년 12
월 26일 인천에 도착하였
다. 나석주는 28일 남대문
통에 있는 조선식산은행
에 폭탄을 투척하였고, 이
어서 황금정에 있는 동양
척식주식회사에도 폭탄을
투척하였다. 이 과정에서
나석주는 일본경찰과 총
격전을 벌이다가 스스로
에게 총을 쏴 순국하였다.

나석주 ©독립기념관

나석주 의거 보도기사(《동아일보》(호외) 1927년 1월 13일자)

독립운동 진영의 통일운동과 피체

심산은 1926년 8월 나석주 일행에게 의거를 부탁하고
난 후 상해로 돌아와서는 독립운동 진영의 통일운동을 전
개했다. 이때는 임시정부에서 이승만 대통령을 탄핵하고
헌법을 대통령제에서 국무위원제로 개정하여 새로운 독립
운동 진영을 통일하기 위한 다각적인 노력이 전개되고 있
던 때였다. 또한 상해와 북경 등지에서 좌우익 양쪽에서
민족유일당을 촉성하기 위한 운동이 전개되고 있었다. 특
히 임시정부에서는 홍진 국무령이 취임하면서 민족유일당
운동을 추진하겠다는 방침을 정하였다.

심산은 회고록에서 독립운동 진영의 통일 방안을 주로
이동녕, 김구 등과 협의하였다고 하였다. 이동녕은 1926
년 11월 24일 임시의정원 의장으로 선임되었으며, 김구는
1926년 12월 10일 홍진 국무령을 대신하여 국무령에 취임
하였다. 이와 함께 심산은 1926년 12월 1일 임시의정원에
새롭게 설치된 전원위원회 위원장으로 선임되었고, 12월
27일에는 임시의정원 부의장으로 선임되었다. 따라서 그
가 이동녕, 김구 등과 독립운동의 통일운동을 전개했다는
것은 임시의정원 부의장으로서 임시정부를 중심으로 독립

운동의 통일을 위해 노력했다는 뜻이라고 볼 수 있다.

그러나 1926년 12월 심산은 치질로 통증이 심하여 영국 의사가 경영하는 공제병원에 입원하였다. 치질이 심한 데다가 기력이 많이 떨어져서 1927년 6월까지 장기간 입원하면서 3차례 수술을 하고 4번째의 수술을 기다려야만 하였다. 더구나 큰아들 환기가 일본경찰의 고문을 받아 출옥한 직후 사망했다는 비보를 듣게 되어 병세는 더욱 악화되었다. 심산은 공공조계公共租界의 병원에서 장기간 입원 치료를 해야 하므로 이동녕, 김구, 정세호鄭世鎬, 김원봉金元鳳 등 아주 가까운 소수의 사람들만 문병을 허용하고 극비 사항으로 하였다. 그런데 6월 13일 어느 날 생각하지도 못했던 유세백劉世伯과 박겸朴謙 두 사람이 문병을 왔다. 두 사람은 이전에 심산이 광주로 데려와 유학시켰던 자들인데, 상해에 돌아와서도 몇 개월 동안 함께 생활했던 적이 있었다. 그들이 일본의 밀정이라는 소문을 들었기 때문에 의심을 하고 바로 당일 퇴원하려고 했으나 입원비 300원이 없어서 이튿날 정산해야 했다. 또 설사 그들이 밀정이라고 하더라도 나에게 은혜를 입었으니 설마 나를 해치겠느냐고 생각하고 이튿날 퇴원하기로 하였다. 그런데 이튿날인 6월 14일이 되자 아침 8시쯤 영국인 경

찰이 일본 총영사관 형사 6명을 데리고 와서 영국총영사
가 서명한 체포 영장을 보여주면서 심산을 체포하였다.

김창숙 피체 경로 보도기사(《동아일보》 1927년 6월 22일자)

옥중 투쟁

심산은 일본경찰에 의해 상해의 일본 영사관에 8일 동
안 감금되었다가 일본의 나가사키로 압송되었다. 그는 다
시 시모노세키를 거쳐 부산의 경북경찰부로 압송되었다.

부산에서부터는 수갑을 차고 대구경찰서로 옮겨졌다. 그에 대한 심문은 대구경찰서에서 혹독한 고문과 함께 진행되었다. 심산은 일본경찰이 고문을 하자, 웃으면서 고문해서 얻을 정보는 없다고 하면서 다음과 같은 한시를 지어 주었다.

> 조국의 광복을 도모한 지 10년에
> 생명도 가정도 모두 관심에 두지 않았노라
> 평생을 밝은 날처럼 쾌활하게 살았는데
> 여러 가지 고문 어찌 반드시 해야 하느냐

심산이 혹독한 고문 앞에서도 두려움 없이 의연함을 보여주자 일본형사는 선생으로 예우하면서 고문을 완화하였다. 심산은 수감 중 병세가 더욱 악화되어 매일 의사의 진료를 받고 매일 약을 먹었다. 그러나 건강이 회복되지 않아 여러 번 죽을 고비를 넘겼다. 병감에서 거의 1년여를 보낸 뒤인 1928년 8월 6일에 대구지방법원의 예심이 끝났다.

이때 일본인 예심 판사가 "내가 한인 독립운동자를 많이 보았지만, 선생처럼 굳세고 의연하며 흔들리지 않는 사람은 일찍이 본 적이 없다."고 하면서 함께 정견을 이야기해 보기를 요청했다. 심산이 예심에서 모두 진술했으므

김창숙 예심결정서(1928년 8월 6일, 대구지방법원)

로 더 이상 할 말이 없다고 했지만, 재판장은 "조선이 무
슨 힘이 있기에 독립할 수 있다고 하느냐?"고 물었다. 이
에 대해 심산은 다음과 같이 반박하였다.

"일본 정치인의 눈구멍이 매우 작아 천하의 대세를 알
지 못하고 망령스럽게 행동한다. 망령스럽게 행동하는 자

는 반드시 패하기 때문에 나는 우리 한국이 반드시 독립할 수 있는 것을 안다. 우리 한국이 무력하다고 말하지 말라."

판사가 무엇을 보고 일본 사람이 눈구멍이 작아 망령스럽게 행동한다고 하느냐고 묻자 심산은 다음과 같이 설명하였다.

"내가 보건대 일본은 태생이 섬나라여서 눈구멍이 작은 것에 국한되어 원대한 것을 보지 못한다. 우리 한국을 병탄하고 또 중국을 병탄하려고 하니 이것이 천하의 대세를 모르고 망령스럽게 행동하는 것이다. 일본이 오늘 대세를 잘·아는 유식한 호걸이 있어서 정국을 맡게 된다면 마땅히 먼저 우리 한국의 독립을 인정하고 다음으로 중국을 병탄하려는 계책을 뉘우쳐서 옛날 한일과 한중 사이에 맺은 강제적 조약들을 취소하고 평등호혜의 신통상조약으로 바꾸어 동양의 영원한 화평을 도모하게 되면 일본은 동양의 맹주가 되는 데 방해받지 않을 것이다. 만약 이렇게 하지 않고 억누를 수 없는 욕심을 채우기 위해 망령스럽게 침략하고 멈출 줄 모른다면, 우리 한국과 중국이 힘을 합쳐 일본에 저항하여 복수를 꿈꿀 뿐만 아니라 천하만국에 대의를 내세우면서 돕는 자는 반드시 일본에 군대를 동원하여 죄를 물을 것이다."

심산은 지혜로운 일본의 정치인이라면 한국, 중국, 일본 3국이 독립국가로서 함께 동양평화를 이룩할 것이라고 하였다. 그렇지 않고 일본이 침략정책을 추진하면 한국과 중국이 힘을 합쳐 일본과 싸울 것이며, 천하만국이 대의를 위해 일본을 정벌하여 죄를 물을 것이라고 하였다. 이렇듯 그는 자신의 죄를 묻는 일본판사에 대해 일본이 지금 천하의 대의와 동양평화를 해치는 죄를 저지르고 있으며 그에 대한 처벌이 있을 것임을 경고하였다.

예심이 끝난 후 처음으로 가족과 상봉하였는데, 심산은 아내가 집안일에 대해 묻자 집안일에 대해 잊은 지 오래라고 하면서 묻지 말라 했다. 둘째 아들 찬기燦基에게는 효도하고 공순하며 학업에 힘쓰라고 일렀다.

심산은 한국인 변호사들의 변호를 거부한다는 뜻을 한시를 지어 밝혔는데, 자신의 운명은 하늘에 이미 맡겼으니 구차하게 살기를 원하지 않으며, 정도를 얻어야 죽음 또한 영광이 된다는 것을 알기 때문이라고 하였다. 심산이 변호를 거절해도 계속 변호를 요청하자 변호를 거부하는 이유를 다음과 같이 구체적으로 설명하였다.

"나는 대한 사람으로 일본 법률을 부인하는 자이다. 일본 법률을 부인하면서 일본 법률론자에게 변호를 위탁한다면 그것은 대의에 얼마나 모순되는 일인가? … 일본 법률로 대한인 김창숙을 변호하려면 자격이 갖추어져 있지 않은 것이다. 자격이 갖추어지지 않으면서 억지로 변호하려는 것은 법률 이론으로서 성립할 수 없는 것이다. 군은 무슨 말로 나를 변호할 수 있겠는가? 나는 포로이다. 포로이면서 구차하게 살고자 하는 것은 치욕이다. 진실로 내가 지키던 바를 바꾸어 다른 사람에게 변호를 맡기어 삶을 구하고 싶지 않다."

심산은 한국인으로서 일본과 독립전쟁을 치르다가 체포된 전쟁 포로 신분이라고 보았다. 따라서 그는 보편적 인류의 도덕과 세계평화를 지키기 위해 한국과 일본이 평등하게 준수해야 할 행동을 규정한 국제법이라면 받아들일 수도 있었을 것이다. 그렇지만, 지금 자신에게 적용되는 일본법은 자신이 부인하는 적국의 법이므로 그 법체계와 논리를 인정하는 변호를 받아들인다고 한다면, 논리적으로 자신의 독립전쟁론을 부인하는 결과가 된다고 본 것이다. 따라서 그는 자신의 삶을 구하기 위해 자신이 지켜온 의리와 가치를 저버릴 수 없다는 결의를 나타낸 것이다. 그는 재판을 받는 과정에서도 비록 육체적이고 물리적으로는 포로의 신세가 되었지만, 정신자세, 논리와 명분, 도리 등의 측면에서 결코 패배하지 않았으며 정정당당한 독립운동을 계속 수행하고 있었던 것이다.

1928년 11월 28일 대구지방 복심법원에서 심산은 검사에 의해 무기징역형을 구형받았으나 판사에 의해 14년형을 선고받았다. 그는 주변에서 상고를 권유했지만, 이미 일본의 법체계 자체를 거부함으로써 일본법의 부당성을 주장한 자신의 입장을 관철하여 상고를 하지 않았다.

예심종결 이후 공판에 출정하는 김창숙
(《동아일보》 1928년 10월 21일자)

金昌淑엔十四年
鄭守基엔二年六個月
◇대구디방법원에서판결◇
昨日午前에判決言渡

경북유림단(慶北儒林團)의거두
요의렬단(義烈團)의고문인김창
숙(金昌淑)과 그의공범 정수긔
(鄭守基)에대한 사건은 작이십
팔일을 오전열시 대구디방법원(大
邱地方法院)데이호법덩에서 금
쿤(金川)재판장으로부터판결언
도가잇섯는데 김창숙에 대하야
는무긔징역 구형을 징역
십사년에 청수긔에 대하야는삼
년구형어(?)든것을 이년 류개월로
각각 언도하고 두피고에대하야
미결□류이백일식 동산 키로하
엿더라【대구지국뎐보】

김창숙 판결 선고 보도기사(《동아일보》 1928년 11월 29일자)

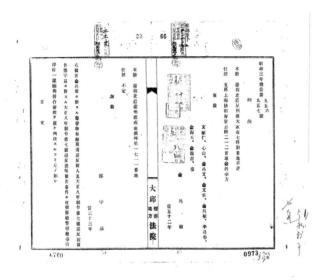

김창숙 판결문(1928년 11월 28일, 대구지방법원)

심산은 징역형 선고 직후 대전형무소로 이감되었다. 일본 경찰에 체포된 후 심한 고문을 받아 병이 악화되면서 두 다리가 마비되어 혼자서 일어설 수 없게 되었다. 이때부터 그는 자신의 호를 벽옹躄翁이라고 불렀는데, 앉은뱅이 노인이라는 뜻이다. 그는 항일 독립운동을 하다가 자신의 몸에 질병이 생기게 된 것을 고통으로 여긴 것이 아니라 모진 고문 속에서도 천하의 대의를 지킨 자신을 영예롭게 여기고 명예로운 호를 부여한 것이다.

1929년 5월 22일 심산은 병이 위독하여 대전형무소에서 병보석으로 풀려나 대구로 왔는데, 치질에다가 맹장염까지 겹쳐서 혼수상태에 빠졌다. 대구의 김창연金昌淵 집에서 치료를 했으나 계속 차도가 없었고, 더 위독해져서 6월 8일 성주 사월리의 본가로 옮겨서 치료를 하였다. 8월 하순 심산의 병세가 회복되지 않았음에도 대구지방법원 검사장이 의사들을 대동하고 와서 강제로 심산을 다시 대구감옥에 수감하였다. 그리고 이튿날 심산은 대전감옥으로 이감되었다. 심산은 계속 누워 있어야 할 정도로 질병이 위독했음에도 감옥 생활을 해야만 하였다. 그래서 줄곧 병감에서 간병부의 간호를 받았다.

심산은 수감 생활 몇 년이 지난 후에야 비로소 간신히 눕고 일어날 수 있게 되었다. 그러자 그는 육경, 《이정전서二程全書》, 이진상의 《이학종요理學綜要》 등을 읽으면서 천인 성명天人性命의 이치를 탐구하였는데, 마음에 깨달음이 얻어 감옥에서도 즐거움을 찾을 수 있었다. 또한 그는 《자서종요字書綜要》라는 일종의 옥편을 편찬하기도 하였다. 그는 병중이고 감옥 속에 있으면서도 유교경전을 읽으면서 수양을 계속하였다. 이는 하늘과 인간의 도리에 대한 관심이 그의 삶을 이끌어가는 힘임을 말해 준다.

김창숙 병보석 보도기사(《동아일보》 1929년 5월 26일자)

감옥에서는 모든 죄수들로 하여금 감옥 책임자인 전옥이 순시하거나 볼 때마다 일어나서 절을 하도록 강요하였다. 그러나 심산은 전옥을 보고서도 절을 하지 않았다. 전옥이 크게 화를 내면서 절을 할 것을 거듭 요구하였으나 심산은 더욱 완강하게 거부하였다. 그는 감옥의 관리에게 절을 하지 않는 이유를 다음과 같이 말하였다.

"내가 너희들에게 절을 하지 않는 것은 나의 독립운동의 정신을 고수하기 위한 것이다. 대저 절이란 경의를 표하는 것인데, 내가 너희들에게 경의를 표해야 할 이유가 무엇이 있는가?"

이렇듯 심산은 옥중에서도 독립운동의 정신을 잊지 않기 위해 행동하였다. 일본의 식민지 감옥에서 심산이 일본 관리들에게 절을 하여 경의를 표하지 않는 것은 곧 일본의 식민지 지배체제에 대해 굴복하지 않겠다는 의사 표시였던 것이다. 심산은 일본 관리에게 굴복하지 않은 대가로 책과 문방구를 모두 압수당하였으며, 잡범들과 함께 수용되는 고초를 겪었다. 일본인 전옥은 이렇게 심산을 괴롭히면서 사상 전향을 강요하였다. 심산은 일본인 전옥이 건네 준 일본인 공산주의자와 한국인 무정부주의자 박열朴烈의 방향전환 성명서를 받아 읽은 뒤, 최남선崔南善이 지은 《일선융화론日鮮融和論》을 받아 읽게 되었다. 그는 최남선이 조선과 일본은 동일한 민족이며 신도神道라는 동일한 종교 전통을 갖고 있다는 주장을 접하고는 책을 내던지면서 최남선을 만 번 죽어야 마땅한 친일 반역자라고 비난하였다. 전옥이 최남선의 책에 대한 감상문을 여러 차례 요구했는데, 계속 거절하다가 다음과 같은 한시 한 수를 지어 간수에게 주었다.

옛날 독립을 선언하던 날,
의로운 소리가 육대주에 진동하였네.
굶주린 개 도리어 민원식閔元植을 위해 짖는구나.
양근환梁權煥 의사의 비수를 들 사람 어찌 없으리오.

심산은 3.1운동 당시 독립선언서를 써서 의리를 세계에 떨쳤던 최남선이 친일 민족반역 행위를 하면서 친일파 민원식처럼 비난을 받을 짓을 하였으니, 민원식을 처단하듯이 최남선을 처단할 제2의 양근환 의사가 반드시 나올 것이라는 시를 지었다. 이 시는 간수들에게 널리 퍼져 애송되었다고 한다. 이렇게 심산은 일제의 사상 전향 시도를 단호하게 거절하여 지조를 지켰다.

1934년 9월 심산은 병세가 악화되어 형 집행정지로 풀려나 대구로 와서 병원에서 수개월 치료한 후 차도가 있어서 둘째 아들 집에서 요양하였다. 출옥 후 질병을 치료하는 중에도 일본 경찰의 감시는 계속되었다. 1936년 3월에는 울산의 백양사로 옮겨 4년 이상을 요양하였다. 1940년 4월 심산은 경찰로부터 집으로 돌아가 요양해도 좋다는 말을 들었다.

大邱儒林巨頭
金昌淑氏出獄
맹장염으로생명이위독해
大田刑務所執行停止

【대전】지금으로부터 八년전 (大邱儒林團) 사건으로 상해에서 체포되어 징역 十一년을 받고 그간 대구 김광(金光)형무소에서 거치어 대전(大田)형무소에서 복역중이든 김창숙(金昌淑)씨는 오래전부터의 맹장염(盲腸炎)으로 수년동안 병감에서 신음하든바 최근에 병세가 기우러저서 위독하게되어 지난 二十五일 형집행정지로 출옥하야 대구본제로 돌아갔다 한다 씨는 소화 四년에 이 맹장염으로 집행정지를 하엿다가 두달만에 불치의 중병그대로 일호하야

지금까지 늘 병마와 싸워오다가 급기야는 복막염(腹膜炎)에 좌골신경통(坐骨神經痛)으로 하지(下肢)는 쓰지못하고 힘줄까지 토하는 기우러진 병에 이르럿다는데 땅을 오후三시에 출옥하야 의사 임태희(任泰熙)씨의 친절한 응급수당을 받고도 四시 四분 특급으로 떠낫다한다.

김창숙 출옥 보도기사(《동아일보》 1934년 10월 27일자)

1940년 5월 심산은 모친 묘소를 참배하고 국외에서 독립운동을 하느라 분상奔喪하지 못한 연유를 고하고 시묘살이를 하였다. 그는 일본의 창씨개명 요구에 대해 한국인은 성을 중하게 여기기 때문에 죽더라도 응하지 않겠다는 결의를 다지면서 한국식 성명을 보존하였다. 1942년 8월에 모친 묘소의 묘막에서 사월리 집으로 돌아왔다. 1943년 가을에는 둘째 아들 찬기를 임시정부가 있는 중국 중경으로 보냈다.

제4장

해방 이후의 활동

임시정부 중심의 반탁독립운동 참여

심산은 일제의 패망이 임박하자 국내에서 비밀결사를 조직하여 건국을 준비하는 활동에 참여하였다. 건국동맹은 1944년 8월 여운형 등에 의해 조직되었는데, 김창숙은 건국동맹이 전국적으로 확대되는 과정에서 남부지방 책임자로 활동하였다. 심산의 건국동맹 참여는 1920년대 중국에서 함께 독립운동을 했고 심산이 출옥 후 요양 중에도 가깝게 지냈던 김진우金振宇가 건국동맹의 재무부 책임을 맡게 된 것과 관련된 것으로 보인다. 심산이 건국동맹에서 어떤 활동을 하였는지는 거의 알려진 바가 없다. 그러나 그는 1945년 8월 7일 건국동맹의 남한 책임자였다는 이유로 성주경찰서에 체포되었다. 그래서 그는 8월 15일 왜관경찰서 감옥에서 해방 소식을 듣게 되었다.

1945년 8월 15일 밤 8시 왜관서에서 출옥한 심산은 여관으로 갔다. 그러다가 다시 경찰에 의해 경찰서에 구금되었다가 이튿날 아침 8시에 석방되었다. 그는 출옥 후 곧장 성주 사월리의 집으로 돌아갔다. 그는 자신을 환영하는 마을 사람들을 모두 청천서당에 모이도록 하였다. 그는 일제의 패망으로 완전독립이 되었으나 정식 정부가 수립될 때까지 지방 치안이 우려되므로 치안유지회를 조직해야 한다고 하였다. 그의 제안으로 성주군 치안유지회가 조직되었다.

심산은 다음 날 대구를 거쳐 서울로 상경하여 여운형을 만나 건국준비위원회의 조직 상황과 정국 현황을 들었다. 그는 여러 정당과 단체가 우후죽순처럼 난립하여 정치적 혼란이 발생했다고 생각하였다. 그래서 영호남의 인사들이 조직한 민중당 당수로 추대되는 것을 거부하였다. 그는 해방 후 여운형이 조직한 건국준비위원회에 참여하지 않았으며,

여운형

좌익 측이 미군의 진주 전에 조선인민공화국 수립을 선포한 데 대해 비판적 태도를 취하였다. 그는 해방 후 건국 작업은 임시정부 중심으로 진행되어야 한다고 생각하였다. 그래서 1945년 9월 7일 한국민주당 인사들이 주도한 임시정부 및 연합군 환영 국민대회 준비위원회에 참여하였다.

환국한 대한민국 임시정부 요인들

1945년 11월 23일과 12월 1일 두 차례로 나누어 중경 임시정부의 요인들이 귀국하였다. 심산은 병중이었기 때문에 임시정부 요인들을 직접 만나 환영하지 못하였다. 오히려 임시정부 요인들이 심산을 문병하기 위해 찾아왔다. 임시정부 요인들이 귀국하였으므로 심산은 조선인민공화국을 해체하고 좌우익이 모두 임시정부를 중심으로 단결해야 한다고 주장하였다.

1945년 12월 28일 모스크바 삼국외상회의에서 한국에 대한 신탁통치가 결정되었다는 소식이 알려졌다. 심산은 임시정부에서 긴급 국무위회의를 개최하여 신탁통치반대 국민총동원위원회를 조직하자 이에 참여하여 중앙위원의 1인으로 선정되었다. 독립운동에 평생을 바쳤던 심산에게 신탁통치 소식은 받아들일 수 없는 민족적 수치로 여겨졌기에 신탁통치를 반대한다는 담화를 발표하였다. 그의 담화문은 《조선일보》 1946년 2월 1일에 보도되었다.

"나는 신탁통치란 홍보를 접하고 병상에 누웠다가 대곡하였다. … 우리가 왜놈의 뇌옥에서 나온 지 몇 날이 못 되어 또 다시 미소美蘇 뇌옥에서 썩을 것을 각오하고 싸우지 아니하면 안 되겠다. 삼천만 민중이여! 이족의 통치 밑에서 노예 우마가 되어 살기 보담은 차라리 자유를 위하여 죽음으로써 싸워 순국선열이 뒤를 좇는 것이 우리 민족의 유일한 의무이다."

이처럼 그는 신탁통치를 한민족의 자주 독립을 인정하지 않는다는 점에서 일제의 식민통치와 동일한 것으로 받아들였다. 따라서 그는 연합국의 신탁통치 반대 운동을 민족의 자주권 수호를 위한 독립운동으로 파악하였다. 그는 임시정부의 기치 아래 민족이 총단결하여 반탁운동을 전개할 것을 촉구하였다. 이런 관점에서 그는 좌익의 찬탁 세력을 '매국' 혹은 '반역'이라고 규탄하였다.

심산은 자신의 반탁 담화가 보도된 2월 1일 이승만과 김구 등 우익 민족주의 계열 인사들이 중심이 되어 조직한 비상국민회의에 참가하였다. 비상국민회의는 임시의정원을 계승하여 과도정부를 수립할 입법기관의 위상을 갖는 것이었다. 심산은 이날 회의에서 최고정무위원회 위원으로 선정되었는데, 이는 과도정부를 수립하는 임무를 가진 기구였다. 그러나 최고정무위원회는 미군정이 개입하면서 미군정의 자문기관인 민주의원으로 성격이 변하였다. 심산은 이를 민족의 자주권을 손상시키는 것으로 받아들여 최고정무위원들이 민주의원에 참여하는 것에 대해 반대하였다. 그러나 그는 민주의원직을 수락하고, 민주의원 회의에 참석하여 민주의원의 문제점을 지적하는 방식을 선택하였다.

심산은 1946년 3월에 개최된 미소공동위원회에 참여하는 것도 반대하였다. 미소공동위원회는 한국에 대한 신탁통치 문제를 논의하는 기구이기 때문에 참여할 수 없다는 것이다. 그는 일관되게 건국과정은 한민족이 자주적으로 추진해야 하며, 이를 위해서는 임시정부가 과도정부 수립의 주체가 되어야 한다고 생각했다. 그럼에도 불구하고 임시정부의 요인들조차 미소공동위원회에 참여하자는 의견이 많았다. 또 1946년 10월에는 좌우합작위원회에서 모스크바 삼국외상회의 결정 지지, 미소공동위원회 속개, 토지개혁과 친일파, 입법기구 등에 관한 좌우합작 7원칙을 발표하였다. 이 좌우합작 7원칙은 민주의원에서 통과되었다.

1946년 10월이 되면서 심산이 그동안 견지했던 임시정부가 중심이 되어 구성한 국민회의가 과도 입법기관이 되는 것이 불가능해진 상황이 되었다. 그는 10월 31일 모든 공직에서 사퇴한다는 성명을 발표하였다. 그는 자신이 좌우합작 7원칙에 반대하는 이유로 첫째, 삼상회담 결정에 따른다는 것은 반탁정신에 위배되고, 둘째, 미군정이 조종하는 입법기구는 우리의 자주독립을 지연시킬 우려가 있기 때문이며, 셋째 친일파와 민족반역자 처리는 미군정의 입법기관이 아니라 우리 정부와 우리 민족이 스스로 결정할 문제이기 때문이라는 세 가지 이유를 들었다. 그리고 자신은 국가 건설 시기에 혼란을 바로잡아야 하는데 그러한 사명을 제대로 수행하지 못했다. 이에 '최후 독립운동의 정로를 찾기 위하여' 비상국민회의와 민주의원 등 모든 공직에서 사퇴한다고 성명하였다.

　1946년 12월 좌우합작운동은 결렬되었는데, 미군정의 남조선 과도입법의원 설치에 반대하여 좌익이 이탈하였기 때문이었다. 이에 임시정부는 1947년 2월 반탁운동 세력을 결집하기 위해 비상국민회의를 국민의회로 확대·개편하였다. 3월 국민의회는 임시정부의 '유일한 입법기관'으로서 과도정부를 구성하였는데, 심산 김창숙은 오세창, 박열 등과 함께 국무위원에 보선되었다. 임시정부이 수립한 과도정부에서는 즉시 독립, 신탁통치안 폐지, 미소 양군 철수 등을 연합국 측에 요구하고, 미군정에게 통치권을 이양할 것을 촉구하였다. 그러나 과도정부는 주석 이승만이 취임하지 않았고, 미군정에서 인정하지 않으면서 아무런 성과를 거두지 못했다.

1947년 후반에 접어들면서 미소공동위원회가 결렬됨에 따라 한국 문제는 국제연합으로 이관되었다. 국제연합에서는 남북한 총선거에 의한 임시정부 수립안을 결의하였다. 이에 따라 1948년 1월 UN한국위원단이 파견되어 총선거를 실시하고자 하였다. 그러나 소련 측에서 UN한국위원단의 입북을 허락하지 않자, 국제연합에서는 남한만의 총선거 실시를 결의하였다. 이에 김구와 김규식을 중심으로 남한만의 단독 선거에 반대하고 통일정부 수립을 위한 남북협상운동이 추진되었다. 심산 김창숙은 남한만의 단독 선거로 민족분단의 위기에 처하자 남북정치요인회담을 통해 통일정부를 구성하려는 남북협상운동에 대한 지지를 표하였다. 그는 단독 선거와 단독 정부는 국토를 분단하고 민족을 분열시켜 북한을 소련에 허락하는 것에 지나지 않는다고 비판하였다. 또한 외국군대가 주둔하고 있는 상황에서 구성되는 정부는 괴뢰정부일 수밖에 없다고 주장하였다. 그는 1948년 3월 12일 심산은 김구, 김규식, 조소앙, 조성환, 조완구, 홍명희 등과 함께 남한만의 총선거에 반대하여 불참한다는 선언문을 발표하였다. 여기서 심산 등은 단독 선거와 단독 정부 수립은 미소 전쟁의 전초전을 초래하여 동족상잔의 비극이 초래될 것이

기 때문에 통일독립 운동을 전개하겠다고 선언하였다. 그
러나 1948년 4월 심산은 평양에서 개최된 남북협상회의에
참여하지는 않았다.

유림계의 통합과 혁신운동 추진

1945년 8.15 직후 미군정 아래에서 자유가 허용됨에 따
라 각종 사회단체가 설립되었는데, 유림 조직도 여러 개
가 출현하였다. 심산은 여러 유림 단체가 난립하여 혼란
을 초래하게 되자, 유림 단체를 통합하기 위한 전국유림
대회를 개최하도록 하였다. 이에 1945년 11월 20일부터 6
일 동안 성균관 명륜당에서 전국유림대회가 개최되었다.
심산은 중앙집행위원회 위원장을 맡아 유림계의 통합 운
동을 주도적으로 이끌었다. 그는 1946년 3월 말 조선유도
회총본부를 결성하고 중앙위원회 위원장직을 맡아, 유도
회儒道會의 본부 조직과 지방 조직을 정비하였다. 6월에는
남북한의 유림 대표가 모두 모여 남북한이 통합한 전국유
림대회가 개최되어, 통합 유림 조직으로 유도회가 출범하
게 되었다. 심산은 이 남북한 통일 유림조직인 유도회총

본부 위원장에 선임되었다.

1949년 6월 4일 유도교도원 제1회 졸업생 기념사진 ⓒ심산기념관
맨 앞줄 오른쪽에서 여섯 번째 김창숙, 일곱 번째 김구.

심산은 유도회총본부 위원장으로서 성균관대학의 설립, 유도회와 성균관의 유기적 연계, 향교 재산의 접수, 중국 유현 위패 매안埋安과 한국의 18현 승봉종향陞奉從享을 추진하였다. 즉 한국 유교에서 친일 잔재와 중화주의적 사대주의 요소를 제거하고 민족적 자주의식에 기초한 유교로 개혁하는 작업을 추진했던 것이다. 향교 재산 접수는 미군정 시기 심산이 미군정청 문교부장 유억겸과 교섭하여 일을 추진했고, 유현 봉향 개혁작업은 1949년 6월 전국유림대표자대회의 결의로 확정되었고, 성균관대학은 1953년 6월 전국유림대표자대회의 결의로 유림이 운영하게 되었다.

대한민국 정부 수립 이후의 활동

심산은 1945년 8월 15일 이후의 해방정국을 독립운동이 계속 수행되어야 할 상황으로 보았다. 38도선을 경계로 미국과 소련 군대가 진주하여 군정을 실시하고 있기 때문에 외세의 간섭에 의해 한국인의 자주적 정부 수립작업이 방해를 받고 있다고 보았다. 그는 항일 독립운동을 이끌

어온 임시정부가 과도정부 수립의 주체가 되어야 한다고
생각했다. 그래서 그는 임시정부의 최고정무위원과 국무
위원을 맡아 과도정부 수립작업을 추진하면서 연합국 측
의 신탁통치 방안에 대해 반대하였다. 미소공동위원회 참
여와 미군정이 추진하는 민주의원이나 남조선 과도입법의
원 참여는 독립운동의 정로에서 이탈하는 것으로 비판되
었다. 1948년 국제연합의 결의에 따라 남한만의 총선거가
실시되자 이에 반대하여 남북협상운동을 지지하였다. 남
북협상운동을 통한 통일정부 수립이 외국군 철수를 이루
어 자주독립 국가를 건설하는 길이라고 보았던 것이다.

그러나 심산의 반대에도 불구하고 1948년 5월 10일 총
선거가 실시되어 제헌국회가 구성되었다. 제헌국회에서
대통령을 선출하고 대통령이 조각을 마치면서 1948년 8월
15일 대한민국 정부가 수립되었다. 정부 수립 직후 심산
이 어떤 활동을 하였는지는 불분명하지만, 1949년 6월 김
구가 암살된 후 남북통일운동을 전개했던 세력들이 민족
진영강화위원회를 구성하였는데, 심산은 상무위원으로 참
여하였다. 이를 볼 때, 심산은 정부 수립 후 남북통일운동
에 직간접적으로 관여했던 것으로 보인다.

1950년 심산이 그렇게도 우려했던 6.25전쟁이 발발하였

다. 그는 피난을 하지 못하여 인민군이 서울을 점령했을 때 서울에 있었는데, 공산당의 협조 요청을 거절하고 은신하였다. 1951년 1.4후퇴 때 부산으로 피난하였는데, 피난지 부산에서 이승만의 독재정치에 대해 반대하는 활동을 하다가 투옥되기도 하였다. 그는 1950년대에도 이승만의 독재정치를 비판하는 활동을 꾸준하게 전개하였다. 1960년 4.19혁명 이후에는 민족자주통일 중앙협의회 대표로 추대되어 통일운동을 전개하기도 하였다. 1962년 군사정부에서 독립유공자에 대한 표창을 실시할 때, 건국공로훈장 중장을 수여받았다. 5월 10일 서울중앙의료원에서 84세를 일기로 서거하였다.

1962년 건국공로훈장 중장(현 건국훈장 대한민국장)을 받은 김창숙 ⓒ심산기념관

1962년 5월 18일 김창숙 사회장 모습 ⓒ심산기념관

5월 18일 사회장으로 장례가 치러졌는데, 수유리에 묘소
가 마련되었다.

제5장

결어

심산 김창숙은 경북 성주의 유학 명가의 후손으로 태어나 어려서부터 유교적 의리 정신과 유교적 가치를 생활 속에서 실천하면서 성장하였다. 특히 부친으로부터는 혁신적 기풍을 물려받아 정치 현실과 사회에 대한 비판적 의식을 마음속에 품었다. 청년이 되어서는 이승희를 비롯한 한주학파의 대학자들로부터 유교를 본격적으로 배우기 시작했다. 1905년 이후 국권이 실추되자 그는 이승희가 중심이 된 한주학파의 구국운동에 동참하였다. 이승희를 비롯한 한주학파의 구국운동은 유교의 도덕적 의리의 보편성에 대한 믿음에 기초하여, 국내는 물론 국제사회에서 도덕적 의리와 국제법을 어긴 자에 대한 처벌을 요구하고, 국제사회의 평화를 위해 한국의 독립 문제가 해결하는 방식이었다. 심산은 1908년 대한협회 성주지회를 조직하고 구국계몽운동을 전개하였는데, 구습 타파와 계급 타파를 중심으로 한 사회혁신운동이었다는 점에서 특징적이었다.

심산 김창숙은 1919년 3.1운동이 일어난 직후 민족대표단에 유림이 빠진 것을 알고, 유림단 명의의 독립운동을 추진했다. 그가 선택한 유림단 파리장서운동은 바로 스승 이승희가 추진한 구한말의 구국운동 방법과 일맥상통하는

것이었다. 유림단의 파리장서운동은 심산 김창숙의 용기
있고 책임감 있는 결단 속에서 이루어졌다. 그의 헌신적
인 노력으로 유림 대표단이 구성될 수 있었다. 이에 유림
단 명의로 천도교, 기독교, 불교 지도자들이 주도한 3.1운
동에 대한 확고한 지지 의사를 표현할 수 있었다. 또한 유
림단이라는 조직이 독립운동에 기여할 수 있는 세력임을
내외에 호소할 수 있었다.

심산 김창숙은 파리강화회의에 독립을 요구하는 장서
를 제출하기 위해 유림단 대표 자격으로 중국으로 건너왔
다. 그러나 중국에서 여러 동지들과 협의한 뒤 장서를 외
국어로 번역하여 우편으로 발송하고 자신은 유림단 대표
로서 중국의 광동군정부와의 독립외교 활동을 전개하였
다. 그의 노력으로 한국독립후원회와 중한호조회가 결성
되어 한국과 중국의 혁명가들의 협력 조직이 만들어졌다.
그리고 이러한 인적 조직을 바탕으로 만몽 국경지역에 황
무지를 독립운동 기지로 사용할 수 있는 허가를 받아냈다.
20만 원의 자금으로 땅을 구입하고 그곳에서 10년 동안
독립군을 양성하여 국내 진공 작전을 수행하려는 계획이
었다. 이에 직접 국내로 잠입하여 유림의 조직망을 총동
원하여 20만 원의 독립운동 자금을 얻고자 하였다. 그러

나 모금의 성과가 기대에 미치지 못하자 3천여 원의 자금으로 의열투쟁을 전개하기로 방향을 전환하였다. 이 과정에서 그는 김구와 의열단의 협조를 받아 자신의 주도 아래 나석주 폭탄 투척 의거를 실행하였다.

심산이 중국에서 추진한 독립운동은 특징적이다. 첫째, 방략 면에서 살펴보면, 외교론, 독립전쟁 준비론, 무장투쟁론, 의열투쟁론을 모두 망라하였다. 그에게 독립운동 방략상의 대립과 분열은 무의미한 것이었다. 모든 방략은 주객관적 상황에 따라 적절하게 배합하고 변화하면서 탄력적이고 유연하게 선택할 수 있는 것이었다. 둘째, 사상과 이념이 중시되지 않는다. 그의 경우 독립한 후에 민주공화국을 건설한다는 지향 외에 어떠한 사회를 건설해야 한다는 문제의식이 거의 발견되지 않는다. 사상과 이념의 차이를 강조하는 것은 독립운동을 분열시키고 대립시키는 결과가 된다고 부정적으로 본다. 셋째, 따라서 그는 독립운동 진영 내의 당파적 투쟁과는 분명하게 거리를 두고자 했다. 그 자신이 조직 활동을 통해 자파 세력을 양성한다는 생각이 없었다. 심산이 일관되게 견지하는 것은 도덕적 의리 정신과 진실한 애국심에 기초한 항일 독립운동의 구체적인 실천적 행동이었다. 그는 마음의 참과 거짓, 의리의 시비, 공과 사, 비겁함과 용기에 대해 예리하고도 엄정하게 분별하였다. 이렇게 해서 그는 신뢰할 수 있는 사람과 그렇지 않은 사람을 철저하게 구분하였다. 그는 독립운동 동지라면 이념과 정파와 지역 등 사적 관계를 넘어서서 얼마든지 협동 통일이 가능하다고 생각했다. 이러한 생각에서 그는 나석주 의거를 거행할 때, 임시정부의 이동녕과 김구는 물론 의열단에도 동참을 요청했던 것이다.

심산 김창숙은 1919년 유림단의 대표로서 독립운동에 투신한 후, 유림단이라는 국내 조직을 기반으로 독립 외교, 독립전쟁 준비, 의열투쟁, 옥중투쟁 등 현실 속에서 가능한 모든 방법을 동원하여 독립운동에 헌신하였다. 이를 통해 그는 유림 독립운동의 상징으로 부각되었다. 해방 이후에도 그는 분열된 유림의 통합을 이끌어갈 적임자로 선정되어 중화주의적이고 친일화된 유교를 자주독립을 추구하는 한국에 필요한 한국적 유교로 혁신하는데 중심적인 역할을 수행하였다.

독립 운동 시기나 해방 후의 정치 활동에서 그는 항상 유림의 대표성과 상징성을 지니고 있었다. 따라서 그는 특정한 이념과 정파에 치우치지 않고 항상 모든 세력을 통합하고 조정하는 위치에 머물고자 했다. 그는 독립운동 시기나 해방 공간이나 임시정부를 통합의 중심에 놓았다. 그는 3.1운동에 나타난 민족적 총의에 의해 수립된 임시정부의 정통성을 유림단의 대표로서 일관되게 유지하는 선에서 활동하였다.

유교와 유림의 이름으로 추진된 심산 김창숙의 독립운동은 한국 민족주의 발전과정을 압축적으로 보여준다. 동학농민전쟁과 갑오개혁을 계기로 그는 신분제 사회를 해체하고 평등한 사회가 도래할 것을 전망하였다. 이어 을사오적 처단 상소운동을 통해서는 국제사회에 대한 국제법적 인식에 도달함으로써 근대적 세계관을 부분적으로 수용하였다. 또한 대한협회 성주지회 활동을 통해서는 양반 중심의 향촌사회를 민 중심의 사회로 변혁시키면서 국민국가에 대한 새로운 전망을 획득하였다. 3.1운동 시기 파리장서운동을 통해서는 완전하지는 않지만 군주제를 탈피하여 국민주권주의를 지향하는 모습을 보여주었으며, 마침내 민주공화제를 채택한 임시정부 수립에 참여하게 되었다.

그의 사상과 행동의 민족주의적 발전은 유교와 유학의 틀 내에서 이루어진 것이었다. 그에게 유교는 고정 불변의 사상체계가 아니라 시대적 변화에 따라 국가와 사회의 문제를 해결하기 위해 성찰적 고뇌를 지속하도록 고무하는 정신적 원천이며 지적 원동력이었다. 그가 한국근현대사에서 수많은 역경과 고난 속에서도 지조를 잃지 않을 뿐만 아니라, 다양한 방법을 동원하여 지속적으로 독립운동을 실천할 수 있었던 것은 유교의 힘이었다. 이 점에서 그의 독립운동은 한국근현대 민족주의 발전에 유교가 기여했다는 사실을 생생하게 입증하는 증거라고 하겠다.

심산 김창숙 연보

1879년   음력 7월 10일 경북 성주군 대가면 사월리에서 부친
         하강下岡 김호림金護林과 모친 인동 장씨의 외아들로
         출생. 동강東岡 김우옹金宇顒의 13대 종손. 본관은 의
         성義城, 호는 직강直岡, 심산心山, 벽옹躄翁.

1884년   글을 배우기 시작.

1886년   《소학》을 배움.

1888년   부친의 뜻에 따라 동리의 정은석鄭恩錫에게 글을 배움.

1891년   사서四書 통독.

1894년   동학농민항쟁에 대한 부친의 가르침을 통해 사회의
         식을 각성함.

1896년   부친 김호림 별세함.

1898년   이종기, 곽종석, 이승희, 장석영 등 대학자들을 방문
         하고 배움을 넓힘. 특히 이승희를 존경하고 따름.

1905년   을사오적의 처단을 요구하는 이승희의 상소운동에
         참가함.

1907년   성주 지역 국채보상운동 참여.

1908년   대한협회 성주지회 조직. 장남 환기 출생.

1909년   일진회 성토 건의서를 중추원에 올림.

1910년   전국단연동맹회 성주 대표로 참석. 성주 지역 단연동

맹회 기금으로 성명학교 설립.

1913년 모친의 엄정한 가르침으로 국망 이후의 광인과 같은
생활을 청산하고 유학 탐구에 전념.

1915년 차남 찬기 출생.

1918년 삼남 형기 출생.

1919년 3.1운동의 민족대표에 유림이 빠져 있는 것을 통탄하
여 유림단의 파리장서 운동을 주도.

　3월　상해로 가서 파리장서를 서양어로 번역하여 파
리강화회의와 각국 외교관 및 교포에게 송부.

　4월　임시정부 수립에 참여함. 임시의정원 경상도
의원으로 선임됨.

　7월　중국 광동군정부 지도자 손문과 회담. 한중 협
력 위해 광동행에 합의함.

　8월　광주에 도착하여 이문치를 통해 광동군정부 관
계자와 회담함. 중국인사들로 구성된 한국독
립후원회 결성과 의연금 모금을 이끌어냄.

　10월　상해에서 50명의 학생을 초청하여 광동에서 중
국인의 지원으로 유학하도록 주선.

1920년 1월　모친 별세.

　3월　광동군정부의 내분과 한국독립후원회 회계 책
임자 이문치의 모금액 횡령으로 유학생 50명과
함께 상해로 귀환.

　6월　민병위, 김공집과 함께 이문치로부터 독립후

원금을 받아내기 위해 광주로 감.

8월 광동 공교회 회장 임복성과 함께 한중 공동으로 《사민일보》 간행, 박은식과 함께 찬술원으로 활동.

10월 중국 광동군 정부의 오산, 서겸과 임시정부 인사와의 협의를 주선하여 중한호조회를 결성하도록 함.

11월 북경으로 가서 신채호와 함께 지내며 《천고》를 간행.

1921년 4월 신채호, 김원봉 등과 함께 이승만의 위임통치 청원에 대한 성토문을 발표. 박용만 중심으로 여러 독립운동단체가 통합하여 조직된 보합단의 재무 책임을 맡음.

1922년 밀정 김달하를 통해 조선총독부의 경학원 부제학 제안을 받았으나 거절.

1923년 국민대표회의가 개최되어 임시정부를 둘러싸고 창조파와 개조파가 대립할 때, 국민대표회의를 비판하고 임시정부 지지 입장을 견지함.
보합단의 부단장으로 선정됨.

1924년 우당 이회영의 인품과 지조에 대해 신뢰하고 장기적인 독립전쟁 준비 방략을 협의함. 이회영, 신채호와 협의하여 군자금 모집을 위해 김상호를 영남 지방으로 보냄.

1925년   서겸을 통해 만몽 국경 지대에 3만 평의 황무지 개간
　　　　허락을 받음.
　　8월　독립군 기지 건설 자금 마련을 위해 국내에 잠입.
　　10월　서울의 면우집 간행소의 곽윤과 김황 등을 만
　　　　나 경상도 지역과 연통하도록 함.
　　11월　직접 대구로 내려가 경상도 지역의 군자금 모
　　　　집을 지휘하고 독려.
　　12월　울산으로 이동하다가 자동차 사고로 허리를 크
　　　　게 다침.
1926년   일본 경찰의 추적으로 급히 탈출 계획을 세움. 3천여
　　　　원의 모금액을 의열단과 협의하여 처리하기로 동지
　　　　들과 합의함.
　　3월　3,000원의 모금액을 갖고 중국으로 탈출.
　　　　나석주 의사의 조선식산은행과 동양척식주식
　　　　회사 투탄 의거에 거사 자금과 무기를 제공함.
　　　　임시의정원 부의장으로 선임되어 김구 국무
　　　　령, 이동녕 임시의정원 의장 등과 함께 민족유
　　　　일당 운동 전개함.
1927년   장남 환기 국내에서 체포되어 고문으로 사망.
　　6월　치질 수술 후 입원 중 일본 경찰에 체포되어
　　　　국내로 압송됨.
1928년   12월　대구지방법원 복심법원에서 징역 14년형을 선
　　　　고 받음. 대전형무소에 수감됨.

1929년 질병으로 가출옥했다가 재수감됨.

1934년 질병으로 다시 가출옥함.

1939년 울산의 백양사에서 요양함.

1940년 고향 집으로 돌아와 모친 묘소에 참배하고 시묘살이
를 함.

1943년 차남 찬기를 중경 임시정부로 파견.

1944년 여운형이 조직한 건국동맹의 남한 책임자로 선정됨.

1945년 8월 건국동맹 관여 협의로 일본 경찰에 체포 구금
됨. 해방으로 출감 직후 고향으로 돌아가 치안
유지회 조직을 지도.

9월 임시정부 및 연합국 환영대회 부회장으로 선임됨.

10월 차남 중국에서 사망하여 유해가 돌아옴.

1946년 1월 반탁 담화문을 발표하고 신탁통치 반대운동 전
개함.

2월 비상국민회의 최고정무위원으로 선정됨. 한국
유림 단체들을 통합한 유도회 총본부를 출범하
고 위원장으로 추대됨. 성균관대학교를 설립
하고 초대 학장으로 부임.

10월 좌우합작 7원칙이 민주의원에서 통과되자 모
든 공직에서 사퇴한다는 성명을 발표.

1948년 2월 남북협상운동에 대한 지지를 표명함.

3월 김구, 김규식, 조소앙, 조성환, 조완구, 홍명희
등과 함께 남한만의 총선거에 반대하고 남북협

상을 통한 통일운동을 지지한다는 선언을 발표.

1949년 김구 암살 후 민족진영강화위원회 상무위원으로 선
임됨.

1950년 인민군 점령지 서울에서 공산당의 협조 요청을 거부.

1951년 1.4후퇴로 부산으로 피난. 이승만 하야 경고문 발표
로 형무소에 투옥됨.

1952년 6월 부산 정치파동 때 이시영, 신익희 등과 부산
국제구락부에서 '반독재호헌구국선언대회'를
주도.

1953년 성균관대학이 종합대학으로 승격, 초대 총장에 취임.

1956년 성균관대학교 총장 사임.

1957년 성균관장, 유도회 총본부장 등 일체의 공직에서 물러남.

1958년 12월 24일 2.4보안법 파동이 벌어지자 상경.

1959년 1월 반독재 민권쟁취 구국운동을 위한 전국민총궐
기연합체를 구성하자고 제창하는 호소문을 발
표. 보안법을 민족을 억압하는 망국병이라고
간주함. 이승만 대통령에게 국민 앞에 사과하
고 하야하라는 장문의 성명서를 발표함.

1960년 4월 4.19혁명 이후 민족자주통일중앙협의회 대표
로 추대됨.

1962년 3월 3.1절에 건국공로훈장 수여됨.
5월 10일 서울중앙의료원에서 향년 84세로 서거.
5월 18일 사회장으로 수유리 묘소에 모셔짐.

참고문헌

저서

권기훈, 《심산 김창숙 연구》, 선인, 2007.

권기훈, 《혁신유림계의 독립운동을 주도한 선각자 김창숙》, 독
　　립기념관 한국독립운동사연구소, 2010.

김삼웅, 《심산 김창숙 평전》, 시대의 창, 2006.

김창숙, 《심산유고》, 국사편찬위원회, 1973.

심산사상연구회 편, 《김창숙》, 한길사, 1981.

심산사상연구회 편, 《김창숙문존》, 성균관대학교 대동문화연
　　구소, 1987.

심산사상연구회 편, 《심산 김창숙의 사상과 행동》, 성균관대학
　　교 대동문화연구원, 1986.

정범진, 《백번 꺾어도 꺾이지 않은 민족의 자존; 김창숙의 생
　　애와 선비정신》, 성균관대학교출판부, 1985.

논문

권기훈, 〈김창숙의 민족독립운동에 관한 연구〉, 《건대사학》 9,
　　1997.

김기승, 〈한계 이승희의 독립운동과 대동사회 건설 구상〉, 《한국민족운동사연구》 50, 2007.

김기승, 〈심산 김창숙의 사상적 변화와 민족운동〉, 《한국독립운동사연구》 42, 2012.

김시업, 〈근대전환기 한문학의 세계인식과 '민족적 자아' ─동산류인식과 심산 김창숙의 경우─〉, 《대동문화연구》 38, 2001.

김희곤, 〈제2차 유림단의거 연구〉, 《대동문화연구》 38, 2001.

박홍식, 〈심산 김창숙의 유교정신과 구국운동〉, 《한국학론집》 26, 1999.

서동일, 〈1919년 파리장서운동의 전개와 역사적 성격〉, 한국학중앙연구원 한국학대학원, 박사학위논문, 2009.

송항룡, 〈심산 김창숙과 유학정신〉, 《대동문화연구》 19, 1985.

염인호, 〈김창숙의 재중국 독립운동에 관한 일고찰〉, 《대동문화연구》 43, 2003.

이미림, 〈심산 김창숙의 유학적 '민족'개념〉, 《동양철학연구》 61, 2010.

임경석, 〈파리장서 서명자 연구〉, 《대동문화연구》 38, 2001.

장을병, 〈심산의 민주주의 이념〉, 심산사상연구회 편, 《심산 김창숙의 사상과 행동》, 성균관대학교 대동문화연구원, 1986.

조규태, 〈심산 김창숙의 북경지역 독립운동〉, 심산사상기념사업회 주최 심산김창숙선생 서거 50주기 및 기념관 개관 1주년 기념 학술회의 발표문, 《새로운 시각에서 바라본 심산 김창숙의 민족운동》, 2012년 5월 25일.

찾아보기